쿤달리니

옮긴이 김미경

2002년 스와미 웨다 바라티지에게서 만트라를 받고 히말라야 전통에 입문하였다. 아힘신 한국지부 교사훈련프로그램(TTP) 전 과정을 수료한 후 현재까지 스와미 라마 사다카 그람 인도연수 안내와 한국지부 수석 교사로 활동하고 있다. 원광대학교 대학원에서 요가학 박사학위를 받았고, 2008년 가을학기부터 현재까지 원광대학교 동양학대학원 요가학과와 원광디지털대학교 요가명상학과에서 요가학 관련 과목을 가르치고 있다.

쿤달리니
Kundalini : Stilled or Stirred?

지은이 스와미 웨다 바라티 Swami Veda Bharati
옮긴이 김미경
초판 1쇄 인쇄 2017년 5월 1일
초판 1쇄 발행 2017년 5월 3일
초판 2쇄 발행 2019년 3월 21일
초판 3쇄 발행 2023년 5월 10일

펴낸이 최경훈
펴낸곳 아힘신
주소 26427 강원도 원주시 원일로115번길 12(서진빌딩 5층)
전화 033)748-2968
이메일 ahymsin.korea@gmail.com
등록번호 제 419-2007-000002호
등록일자 2007년 1월 23일

Kundalini : Stilled or Stirred? by Swami Veda Bharati
ⓒ 2013 by D. K. Printworld (p) Ltd.
This translation is published by arrangement with D. K. Printworld (p) Ltd. through Hagenbach & Bender GmbH and The Agency, Literary Agency.

이 책의 한국어판 저작권은 The Agency 에이전시를 통해 저작권자와 독점 계약한 도서출판 아힘신에 있습니다.
저작권법에 의해 한국 내에서 보호를 받는 저작물이므로 무단 전재와 복제를 금합니다.

ISBN 978-89-959194-4-6 03150
정가 15,000원

쿤달리니

Kundalini
Stilled or Stirred?

스와미 웨다 바라티 지음

김미경 옮김

아힘신

명상 중인 이 인물 조각상은 티칼 피라미드로 가는 관문인 플로레스(Flores) 인근 페텐 이차(Peten Itza) 호수 가운데 있는 작은 섬의 개인 소장품이다. 이와 유사한 조각상을 다수 소지했던 소장자의 요청에 따라 출처는 밝힐 수 없다.

저자 스와미 웨다 바라티(Swami Veda Bharati)

1933년, 산스크리트어를 사용하는 가문에서 태어난 스와미 웨다 바라티는 1942년 9세 때부터 파탄잘리(Patañjali)의 『요가수트라』(Yoga-Sūtra)를 가르쳤다.

1946년 힌디 신문에서는 베다에 관한 특별한 지식을 지닌 이 영재를 알리는 여러 기사가 실렸다. 그때부터 그는 북인도 전역의 대학뿐 아니라 대중을 위한 강의에 초대를 받기 시작했다.

1947년 2월부터 그는 전 세계를 다니면서 강연을 하고 명상센터를 건립했다. 그에게는 역사, 철학, 명상 수행에 대한 4천 시간 분량의 녹음 강의록이 있으며, 열여덟 권의 저서를 비롯해 요가수트라 전체 네 장 가운데 1~3장에 관해 매우 학술적이고 상세한 주석서를 썼다.

1965년부터 2년에 걸쳐 런던대학에서 명예학사와 문학석사를, 그리고 네덜란드에서 문학박사 학위를 획득했으며 왕립천문학회 회원이 되었다. 그는 각기 다른 수준에서 17개 언어에 능통했다.

1969년 그는 『히말라야의 성자들』(Living with Himalayan Masters)의 저자인 요가 스승, 히말라야의 스와미 라마를 만났는데, 스승은 그를 가장 높은 명상요가의 길에 입문시켰다.

스와미 웨다 바라티는 한국, 중국을 비롯한 동남아 여러 나라, 아프리카 그리고 유럽 각 지역에서 서로 다른 문화의 종교적, 영적, 문학적 전통에 따른 명상을 가르쳤다. 예를 들어 이탈리아에서는 명상 중 신성한 빛의 경험에 대한 교재로 단테의 신곡 가운데 「천국편」을 가르쳤고, 수피교단의 선생이 그를 방문하기도 했다. 또한 그리스도교의 묵상 전통에 관한 강의 녹음은 45시간에 달한다.

그는 명상에서 일어나는 신경학적 연구에도 매진했고, 명상 중에 일어나는 뇌

파와 신경생리적 패턴을 실험하기 위해 그의 아쉬람에 수준 높은 실험실을 갖추었다.

그는 스와미 수도회 공동체에서 마하만달레쉬와라라는 권위 있는 직위를 지니고 25개국에서 50개가 넘는 명상단체와 센터를 운영했다. 그는 명상을 배우고 인도하는 침묵을 체험하기 위해 25개국에서 수련자가 찾아오는 리시케시의 두 군데 아쉬람의 영적 지도자였다.

스와미 웨다 바라티는 과학과 명상의 관계에도 깊은 관심을 가지고 그의 아쉬람에서 연구실험실을 운영하면서 각기 다른 명상 수련에서 정신신경생리학적 반응을 측정하는 연구를 했다.

그런 맥락에서 그는 캘리포니아에 있는 노에틱 과학협회와 같은 기관에서 명상의 신경학에 관한 몇 가지 실험의 대상이 되었다. 어느 특별한 실험에서 그는 외부 정전기장의 영향이 차단된 방 바깥쪽에 앉아 그 방 안에서 쏘는 간섭계 안의 광자선을 잇달아 아홉 번이나 차단했고 그로써 의식의 자유 의지력이 물질 에너지를 넘어선다는 것을 증명했다. 이 실험 결과는 과학신문에 실렸다.

그는 전 세계를 여행하면서 강의를 하거나 회의에 참석하고, 세계 도처의 60여 개 명상 그룹을 지도하며 대부분의 시간을 보냈다.

스와미 웨다 바라티는 5년간의 침묵을 계획하고 2013년 3월부터 침묵을 시작했는데, 침묵 중이던 2015년 7월 14일에 마하 사마디에 들었다.

저서　　　　　Night Birds
　　　　　　Education and Parenting for Peace
　　　　　　Mantra: The Sacred Chants
　　　　　　Meditation: The Art and Science
　　　　　　Meditation and the Art of Dying
　　　　　　108 Blossoms from Guru Grant Garden
　　　　　　Shanti: Inner Meaning and Experience
　　　　　　Yogi in the Lab
　　　　　　Yoga-Sutras of Patanjali(vols. 1~3)
　　　　　　『만 개의 태양』(Light of Ten Thousand Suns)

　　　　　　이 외 다수의 저서와 녹음테이프, CD가 있다.

우리의 전승(Guru-Paramparā)

스승 스와미 라마는 다수의 전승에 합류합니다. 그의 요가 스승 뱅갈리 마하라즈(Bangali Maharaj)를 통해서 그는 히말라야의 요가 수행자의 전통을 대표합니다.

베단타에서 그 전통은 상카라차르야(Śaṅkarācārya)와 비드야란야 무니(Vidyāraṇya Muni)를 통해서 쉬링게리(Śṛṅgerī)에 자리한 고대 베단타 역사에 닿습니다.

상야사(saṁnyāsa)에서 그 전통은 베다시대까지 아우르고, 쉬링게리에 자리잡은 상카라차르야의 다사나미(Daśanāmī) 교단을 통해 바라티(Bhārati) 전승으로 나아갑니다.

그리스도교에서 그 전통은 그리스도의 수제자 성 베드로에게까지 거슬러 올라갑니다. 어떻게 그렇게 되는지 그 신비는 가까운 몇몇 제자에게 알려집니다.

불교 전통에서는, 내가 요가 입문을 할 당시 스승이 내게 말했듯이 우리는 미륵불을 맞이할 토대를 준비하고 있습니다.

　우리는 스와미 라마의 스승의 스승이었던 티베트 스승을 통해서 티베트 전통을 물려받습니다.

　스와미 라마의 전생이며 16세기에 박티를 베단타에 소개한 마두수다나 사라스와티(Madhusūdana Sarasvati)를 통해서 우리는 박티 전통을 물려받습니다.

　스와미 웨다는 실제로 베다와 파탄잘리의 『요가수트라』(Yoga-Sūtra)를 해설하기 위해 태어났습니다. 그것은 그의 전생에, 정통한 이에게서 전수받은 지식의 결과입니다. 그러므로 우리는 베다와 파탄잘리 전통도 물려받습니다.

　이 다양한 전통을 수렴하는 것이 가장 위대한 영적 영향력 가운데 하나입니다.

내맡김

신의 태양의 불길에
나는 이 사랑을 바칩니다.
그래서 그 의미가 독자들 마음의 수평선에
새로운 여명이 되기를 간구합니다.

자유로운 신의 빛이 나를 향해 날아와
갓난아기의 가장 부드러운 지점인
나의 천문(泉門)에 그분의 불꽃의 혀가 닿았고
나는 그분과 함께 있게 되었습니다.

모든 연꽃이
신비한 지식을 담은
나의 사라스와티(Sarasvati) 호수에 피어났습니다.
그때 나는
내가 이제 풀리기를 기다리는
따리 튼 의식의 뱀인 것을 알았습니다,
또다시 신의 은총의 손길에 의해서.

서 문

이 책의 내용은 명상 입문자의 몇 가지 질문에 대한 답변에서 시작되었습니다. 거기에다 여러 곳에서 행한 강의원고를 추가하거나 수정하고 편집한 것입니다. 독자들이 이 책에서 쿤달리니와 관련된 공통 주제를 발견하거나 영적인 의문에 도움을 받았으면 좋겠습니다.

여기에 드러난 생각은 구루데바, 히말라야의 스와미 라마의 은총으로 허락되었고, 전통에 따라 받아들인 경험의 결과입니다. 이 경험은 상상이 아니라 내적 우주의 실체입니다.

우리는 교차하는 이 우주, 시간, 공간 그리고 의식의 힘을 지닌 강의 합류점입니다. 우리가 신성의 담금질을 하기 위해 이 합류점으로 들어가기를 배우면, 그것이 우리의 진정한 정체성이고, 모든 것은 힘없고 두려운 환상이었음을 알게 되면서 우리는 하나이며 유일한 자아를 회복하게 됩니다.

이 우주를 가로지르는 의식과 무의식의 힘은 우주와 우리 존재를 만드는 건축 재료입니다. 여기에서 우리와 우주 사이의 경계는, 한 줄기 강을 분할하고 거기에 각기 다른 이름을 붙여서 그 분할된 부분들 간에 갈등을 조장하는 것과 같은 상상의 소산물입니다. 그 상상은 나와 여러분의 대양 사이에 분필로 경계선을 그리는 것과 같습니다. 힘의 파도가 분필로 그은 선을 순식간에 지우는데, 그 힘은 우주의 아름다움을 미학적으로 공감하는 사랑입니다.

쿤달리니에 숙달된 스승은 우주라고 부르는 그림을 아름답게 꾸미고 예술적으로 감상하는 분입니다. 이 그림은 마음의 캔버스에 그려져 있습니다. 그림은 마음입니다. 색깔도 마음이며 이젤과 붓도 마음입니다. 그림이 걸려 있는 벽도 마음입니다. 독특한 운율의 철학적 문헌인 『요가와시쉬타』(Yoga-Vāsiṣṭha)에서는 그렇게 말합니다. 그림을 감상하는 자가 그림의 일부로 그려져 있습니다. 그것이 우리가 '나'와 '너'를 나누는 모순입니다.

이 책에서 제시한 한곳으로 모인 쿤달리니는 다른 모든 힘이 헌신하는 유일한 힘입니다. 그것은 통합의 강입니다. 이 신성한 합류점에 잠기는 사람은 오직 아름다움과 사랑만 볼 수 있으며, "아, 얼마나 아름답고 사랑이 넘치는 세상인가!"라고 외칩니다.

천지 만물도 "오, 얼마나 사랑이 넘치는 아름다운 세상인가!"라고 그 사람과 함께 노래합니다.

그 다음 그는 그 아름다움이 훼손되거나 오염되는 일이 일어나지 않도록 지키게 됩니다. 통합이 최상의 노래가 되고 이원성이라는 구분이 흥미로운 신화가 되는 그 합류점으로 가는 길을 걷기 위해 영혼이라 부르는 모든 불꽃을 끌어당기기 시작합니다.

여러분이 이 책을 읽으면서 그 신화의 아름다움을 감상하는 데 도움이 되기를 바라며, 영원한 결합으로 초월하게 되기를 바랍니다. 그렇게 되면 '다수'와 '다른'이 사라집니다. 더 이상 다수의 합류점이나 하나의 합류점은 없습니다. 하나는 숫자이기 때문입니다. 오직 무한만이 있습니다.

여러분이 이번 생에 그러한 무한 속에서 단 하나 그리고 홀로 있기를, 그리고 이후에도 '다른'이 없이 존재하기를 바랍니다.

이 책이 출간되도록 도움을 주신 모든 분들께 감사드립니다.

많은 분 중에 특히 Lalita Arya, Dowlat Budhram, Bhola Shankar Dabral, John C. Gage, Stomya Persaud를 언급하고 싶습니다.

더욱 감사드리고 싶은 분은 수슘나에 관한 인용을 허락한 Sri Vamadeva Sastri(David Frawley)입니다.

또한 표지 디자인의 디지털 복사에 도움을 준 Angiras Arya와 표지 디자인을 해 준 Juan Burwell에게도 감사드립니다.

스와미 웨다 바라티

목차

저자 소개　6

우리의 전승　8

서문　13

들어가기 _ 탄트라에 대한 오해를 밝힘　19

1 ___ 나는 누구인가?　37

2 ___ 요가 수행자들은 왜 금욕을 선택하는가?　45

3 ___ 명상과 감정센터　61

4 ___ 몸의 흔들림은 명상의 징후인가?　77

5 ___ 신들의 꿀-1　87

6 ___ 신들의 꿀-2　107

7 ___ 영원한 백조　125

8 ___ 태양의 백조로 입문　133

9 ___ 신을 안다는 것　143

10 ___ 내가 태양을 떠났을 때　153

11 ___ 빛의 영역　171

12 ___ 번개의 사다리　185

13 ___ 천 개의 쿤달리니 이름　203

부록　226

들어가기

탄트라에 대한 오해를 밝힘

탄트라(Tantra)에 관한 글을 쓴다는 것은 우주의 모든 원자를 세거나 대양에 있는 소금의 무게를 재려고 애쓰는 것과 같습니다.

탄트라는 스리비드야(śrī-vidyā)에 관한 해설입니다. 스리비드야는 모든 과학이 작동되고 그에 따라 우주가 다스려지는 규칙을 제공하는 초월과학입니다.

탄트라의 실체는 우주 도처에 펼쳐진 실(絲), 즉 베다의 실(tantu)입니다.(tantum tatam)

tiraśchino vi-tato raśmir eṣām adhaḥ svid asid upari svid āsīt
이 실은 우주를 가로질러 상하로 뻗어 있어 접히고 펼쳐지는 광선이다.

— 리그베다(Ṛgveda)

yo vidyat sūtram vi-tatam yasminn otaḥ prajā imaḥ

모든 존재와 실체가 매여 있는 실(sūtra, 絲)이다.

– 아타르바베다(Atharvaveda)

이 의식의 광선이 스스로 접히면 그것은 코일처럼 보이는 쿤달라(kuṇḍala)로, 의식의 우주에 감긴 에너지를 형성하여 쿤달리니(kuṇḍalinī)가 됩니다. 또한 그것은 우주의 격자무늬, 실로 짠 직물, 탄트라로 불리기도 합니다. '탄트라'의 본래 의미는 탄트릭 방식에 의한 에너지의 격자입니다.

sarvaṁ śaktimayam jagat
전 우주는 에너지와 힘으로 이루어져 있다.

하나의 샥티(śakti)가 다양화된 모든 샥티가 마하샥티(mahā-śakti)입니다.

yasyonmeṣa-nimeṣābhyam jagataḥ pralayodayau
tam śakti-cakra-vibhāva-prabhavam śaṅkaram namaḥ
그의 눈뜸과 눈감음에 따라
우주의 현현과 소멸이 진행된다.
우리는, 평화를 만들어 내는 분이며
샥티의 다양한 바퀴를 주관하는
신이며 원천인
샹카라(śaṁkara)를 찬양한다.

śaktayo'sya jagat sarvam
전 우주가 그의 샥티다.

그러므로 모든 인격, 개체, 사물과 소우주, 대우주는 그저 경이롭고 놀라운 존재, 브하이라바(bhairava)가 지닌 파동(spanda)의 연속체입니다.

jalasyevormayo vahner jvālā-bhaṅgyaḥ prabhā raveḥ
mamaiva bhairavasyaita viśva-bhaṅgyo ni-veditaḥ

물의 파도처럼
불의 불꽃처럼
태양의 빛처럼
이 모든 형태와 본질은
놀라운 존재인
나에게서 나온 샥티다.

이러한 인식에 입문한 자는 이 의식의 단편적 부분을 생각하지 않습니다. 이 사람에게는 전 우주가 오직 하나의 샥티입니다.

ananta-koṭi-brahmāṇḍa-brahma-vyāpaka-rūpiṇīm
그의 형태는 무수히 많은 우주의 셀 수 없는 브라흐마인 모든 창조적 존재에 스며들어 있을 뿐입니다.

여기에서 우리는 우리의 모든 습관과 생각을 타파할 필요가 있습니다. '나와 다른 사람', '영혼과는 다른 몸', '태양은 위에 땅은 아래에', '남성과 여성'이라는 '양분법'의 개념과, 하나의 인식단위와 구분되는 다른 인식단위는 무엇이든 포기해야 합니다. 현상에 대해 우리가 가진 가치도 전부 버려야 합니다. 『요가와시쉬타』(Yoga-Vāsiṣṭha)에서 이런 내용을 읽습니다.

na bahir nāntare nādho nordhvam arthe na śūnyake
안도 밖도 없고, 아래도 위도 없다. 실제로도 없고 심지어 공(空, null)에도 없다.

우리의 시간과 공간 개념이 얼마나 타당성이 없는지에 관한 예를 들겠습니다. 긴 우주여행을 시작하기 전, 신앙심 깊은 우주비행사는 "하늘에 계신 주님, 이 여정에서 저를 보호해 주세요."라고 기도합니다. 그가 올려다보는 하늘에는 달이 보입니다. 이후 그가 달에 도착합니다. 그는 이제 안전한 여행에 대해 신께 감사를 드리고자 합니다. 그런데 그가 달에서 하늘을 올려다보면 무엇이 보일까요? 하늘에 떠 있는 지구가 보입니다. 그가 지구에 있는 신께 감사를 올릴까요?

우리가 지닌 개념이나 관념적 연상이 아무리 당연해 보일지라도 탄트라의 길로 입문하는 자격을 갖추려면 그 모든 것을 버려야 합니다.

그래서 "우리 안에 쿤달리니가 있다."고 말하는 것은 잘못입니다. 안과 밖 둘 사이에 구분이 없는 신성한 자아의 힘(devātma śakti)이 쿤달리니입니다. 그 자아는 모든 곳에 스며 있습니다. 초심자는 차크라가 척추에 있는지 몸 앞쪽에 있는지 묻습니다.

그런 질문을 하는 한 그는 아직 입문을 하지 않은 자입니다. 자기장(磁氣場)의 자장(磁場)이 자석의 앞쪽이나 뒤쪽에 있을까요? 탄트라 입문자는 '우리 안에 있는 쿤달리니'라는 개념, '심장 중심에 있는 차크라는 앞에 있고 척추에 있는 쿤달리니는 뒤에 있다'는 생각을 버려야 합니다. 그런 장소는 없습니다.

처음에는 이런 인위적으로 각인된 생각 습관을 포기하지 못해서 사람들은 물라다라 차크라를 척추기저부에서 찾습니다. 여신 형태의 쿤달리니(Kuṇḍalini's diosa)[1]로 표현할 수 있는 것은 모든 신과 여신 중의 여신인 파르와티(Pārvati)입니다.

파르와티는 그녀의 영원한 신과 결합하기를 갈망하면서 가장 어려운 고행(tapasyā)에 들어갔습니다. 그녀는 단식을 시작했습니다. 처음에는 과일로 연명합니다. 그러다가 과일을 버리고 나뭇잎과 꽃잎으로 살아갑니다. 그 다음 나뭇잎과 꽃잎도 없어지면 마른 덩굴 같은 파르와티만 남습니다. 그때 그녀는 '꽃잎이 없는 이'(a-parṇa)로 불립니다. 그 고행 이후에야 그녀 앞에 갈망하던 신이 나타납니다.

이 비유에서 알 수 있는 것처럼, 파르와티는 차크라의 꽃잎과 잎사귀만으로 단식한 카르마의 결과를 남겼고, 마침내 그것마저 다 떨

---

[1] 우리의 신조어 'diosa'는 스페인어로 신을 의미하는 'Dios'의 여성형이다. 스페인어에 '다수의 여신'(goddesses)이라는 낱말은 있지만 영어의 '여신'(Goddess)에 상응하는 낱말은 없다.

어졌을 때 '꽃잎이 없는 이'가 됩니다. 잎사귀가 없는 쿤달리니 덩굴은 하나의 선이 되고 그것은 다시 부피가 없는 하나의 점(bindu)으로 응축합니다.

이러한 '내면의' 사건에 관한 우리의 사고방식은 깨달음이 자라면서 완전히 달라집니다. 기하학을 푸는 과정은 6학년 학생들에게는 적절하지만 양자물리학에서는 적용할 가치가 없습니다. 마찬가지로 일상의 처리과정에서는 타당한 어떤 것이라도 탄트라 입문자에게는 적절하지 않습니다.

오늘날 탄트라에 관한 생각의 대부분은 짐작이나 추측이며, 정확한 지식에 근거하지 않습니다. 정확한 지식이 뒤따라야 비로소 모든 철학적 논의와 예배 행위는 유효하고 도움이 됩니다. 그러나 진정한 입문자들을 위해서는 다음과 같아야 합니다.

pūjā nāma na puṣpadyair ya matiḥ kriyate dṛḍha

nirvikalpe pare vyomni sa pūjā hy adaral layaḥ

외면화된 인생관이 꽃과 불길로 더 강조되는 곳에는 예배의식(pūjā)이 없다. 진정한 예배의식은 구분을 초월한 지고(至高)의 우주 속으로 스스로 소멸하는 것이다.

이 내용은 탄트라에서 최고의 경지를 묘사하는 64개 탄트라에 담긴 설명의 일부입니다. 다른 내용은 모두 우리처럼 걸음마를 배우는 자들이 밟아 나가야 할 단계를 설명하고 있습니다.

탄트라의 초월적인 목표를 설명하면서 우리는 몇 가지 일반적인 의문을 갖게 됩니다. 대중 서적에서는 탄트라의 본질을 이른바 성이나 성적 욕망으로 많이 이야기합니다. 그런 관점은 위에서 말한 탄트라의 목표와 어떤 점에서 일치하는 것일까요?

입문자들은 "탄트라는 금욕의 과학이다."라고 간단히 대답합니다.

이 시점에서 흥미로운 내용을 기대하는 사람들은 이 장을 읽지 않고 넘겨버릴 수도 있을 것입니다. 그러나 우리가 언명하는 것은 정확합니다. 탄트라는 에너지를 내면으로 완전하게 통합하는 과학입니다. 그렇다면 무엇이 성적 욕망이나 다른 욕망을 조성하는지 알아보겠습니다.

우리는 무엇일까요? 우리 개개인은 의식이라는 대양의 물결입니다. 물결은 분리된 것으로 보일 수 있지만, 두 물결 사이에 경계선을 그으려 한다면 우리는 그것이 하나의 연속체라는 것을 알 수 있습니다. 정신생리적으로 복잡한 복합체인 우리 몸을 통과하는 이 물결, 광선, 한 줄기 빛이 '개별적인' 쿤달리니로, 우리 안에서 여러 기능으로 구별되는 모든 에너지와 동일한 것입니다. 이들 기능을 순수의식의 경로(cit-kuṇḍalinī), 마음이 흘러가는 경로(citta-kuṇḍalinī), 프라나가 지나가는 통로(prāṇa kuṇḍalinī)라고 부를 수 있습니다.

아유르베다(Āyurveda)에서는, 물결이 지나가는 이 길이 사람의 몸을 통과하면서 세 가지 형태의 통로 즉 나디로 어떻게 나누어지는지를 우리에게 알려 줍니다. 그 세 가지는 몸 전체를 흐르는 마음의 통로(mano-vaha), 프라나 통로(prāṇa-vaha) 그리고 육신의 진수가 흐르는 혈관(sroto-vaha)입니다. 섬세한 나디는 이보다 거친 형태의 나디들을 통제합니다. 의식과 마음이 비뚤어지면 정신생리적 뒤틀림이 생깁니다.

마찬가지로 몸의 모든 감각은 쿤달리니 파동이 존재한다는 것을 보여 주는 것인데, 감각도 때로 뒤틀리거나 약해집니다.

　여기서 다른 질문을 생각해 봅시다. 영적 안내자는 흔히 "영적 영역으로 들어가는 길을 어떻게 찾나요?"라는 질문을 받습니다. 경험이 많은 안내자라면 "당신이 이미 알고 있는, 밖으로 나가는 길이 그 길이다!"라고 대답할 것입니다.

　들어가는 문과 나가는 문 이렇게 두 개의 다른 문은 없습니다. 여러분이 집에 들어갈 때와 나갈 때 사용하는 문이 하나인 것과 같습니다. 모든 감각과 모든 느낌은 영적인 영역으로 들어가는 입구입니다. 몸의 느낌은 모두 쿤달리니 파동이 존재한다는 것을 알려 주는 것입니다.

　영적 에너지의 파동은 그 가운데 핵심인 빈두에서 밖을 향해 흐릅니다. 그것은 우리 존재의 모든 수준과 단계마다 활기를 북돋아줍니다. 개별화되어 독자적 흐름을 유지하며 나름의 목적을 수행하기 위해 점차 거칠어지며 다양한 형태로 변화되는 에너지는 영적 에너지밖에 없습니다.

　안쪽에서 방출되는 에너지는 우리의 감각을 활성화합니다. 따라서 충동과 느낌이 생기고 우리가 욕망이라 부르는 것이 발생합니다. 이런 욕망은 쿤달리니가 "나 여기 있어. 나 여기 있어. 나 여기 있어."라고 보내는 신호에 불과합니다.

　우리는 쿤달리니의 신호를 알아채지 못한 채 맛보고, 만지고, 보는 등의 감각으로 에너지를 외부로 소모합니다. 성적 행위도 그런 것입니다. 남성과 여성은 서로 밀접하게 관련이 되므로 다시 하나가 되기를 원합니다. 그러나 이 갈망은 결코 이룰 수 없습니다. 성(性)에 관련된 경험은 조심스럽게 검토할 필요가 있습니다. 육체적 느낌은, '여기에 안으로 들어가는 통로가 있다.' 하는 식으로 그것을 상기시키듯 다루어져야 합니다. 그 통로를 찾아 걸으면 안으로 향하는 파동이 당신을 상대방과 한 쌍이 되는 것을 넘어 둘이라는 구분이 없는 내면의 영역으로 데려갈 것입니다.

탄트라는 우리의 익숙한 감각들을 어떻게 내면으로 흐르게 하는지를 가르칩니다. 어떤 자극이든 그것은 우리를 내면으로 이끌기 위해 집중하는 대상으로 이용해야 합니다. 이 과학을 통달한 사람은 흔치 않습니다. 그것을 실제로 가르칠 수 있는 사람은 더욱 찾기 힘듭니다. 그런 사람은 한 모금의 오렌지 주스를 맛보거나 손가락 끝의 미세한 자극만으로도 사마디(samādhi)에 들 수 있습니다. 그들에게는 우주의 유일한 남성 쉬바(Śiva)와 유일한 여성 샥티(Śakti)만 있습니다. 그들은 인식통로인 자신의 나디를 완전히 통제합니다. 예를 들어, 다른 사람들을 자유롭게 만든다거나 내면의 기쁨을 위한 일이라면 그들은 의지를 통해 즉흥적으로 외부로 에너지가 흐르게 만들 것입니다. 그들에게는 외부의 소품이 필요하지 않으며 그들에게 온갖 외부 소품은 내면으로 흐르기 위한 자극입니다.

그들은 내면의 황홀경에 있습니다. 그들이 물라다라(mūlādhāra)[2]에서 브라흐마 란드라(brahma-randhra)[3]까지 위로 향하는 쿤달리니의 흐름을

---

2 역주: 물라다라(mūlādhāra): 척추 기저부에 위치한 중심.

3 역주: 브라흐마 란드라(brahma-randhra): 브라흐만의 구멍, 틈이라는 뜻을 가진, 정수리에 있

경험할 때 그들의 발가락은 안쪽으로 말려듭니다. 육체의 형태가 남성이든 여성이든 그들은 한 점 빛인 빈두를 낭비할 수 없게 됩니다. 양쪽 콧속의 흐름이 동시에 일어날 때, 그들은 일반인들이 성적 절정에서 느끼는 3초간의 극히 짧은 경이로움에는 전혀 관심이 없습니다. 탄트라에 통달한 스승의 양쪽 콧속 흐름은 안으로 향하는 통합 상태(laya)에서 자연스럽게 몇 시간 동안 고르게 흐릅니다. 세상의 어떤 느낌도 그 지복의 상태와 비교할 수 없습니다.

이렇게 몸의 외부 감각을 변화시키는 과정을 경험하지 못한 사람은 쿤달리니가 우리의 외부 표면을 향해 우주적 속삭임으로 "나는 여기 안에 있다. 나는 여기 안에 있으니 안으로 들어와!!"라고 계속 보내는 메시지를 들을 수 없습니다. 여러분은 왜 밖에서 케이크 한 조각이 당신 즐거움의 원천이고, 살짝 스치는 맨살의 감촉이 황홀경의 근원이라고 착각하면서 낭비하고 있는지요? '안'으로 다시 돌아오세요.

그 메시지를 듣는 것이 탄트라입니다.

성적 결합의 즐거움은 탄트라 문헌 『비갸나브하이라바』(Vijñāna-bhairava)에서 표현한 상태와 같을 것입니다.

svavad anya-śarīre'pi samvittim anu-bhāvayet

apekṣam sva-śarīrasya tyaktvā vyapi dinair bhavet

의식은 자기 몸에서 경험한 것과 똑같이

는 척주(脊柱) 통로.

다른 몸에서 경험하게 된다.
그래서 더 이상 자신의 몸에 의존하지 않고
수일 안에 편재성(偏在性)을 이룰 것이다.

이런 사람이 누군가를 포옹하면, 안긴 사람은 숭고한 의식으로 변화됩니다. 오직 마음이 마음을 포옹하기 때문입니다. 그 포옹이 입문이 됩니다. 일부 파렴치한 사람들은 위대한 스승을 오해합니다. 그가 제자들을 자신의 개인적인 쾌락에 이용한다고 주장하면서 그것을 탄트라라고 부릅니다.

앞서 우리는 탄트라의 원리가 금욕의 기술이라고 설명했습니다. 나는 모든 종교의 남녀 수도자들이 욕망에 맞서 너무 힘겨워하지 않고 모두 이 체계적인 금욕 기술을 배울 수 있기를 바랍니다. 하지만 그것을 성취하는 상세한 방법은 여기에 설명할 수 없으며 그들에게 하루 만에 가르칠 수도 없습니다. 그런 가르침(adhikārin)을 받기 위한 자격의 첫 번째 전제조건은 순결을 다짐하는 것입니다. 순결은 뜨거운 석탄더미를 걷는 영적 안내로 얻는 것입니다. 그런 세심한 안내자가 있는 아쉬람에서 도망치기를 바란다면 그건 당신의 손실입니다.

차크라(cakra)의 본질과 관련해서 몇 가지 오해가 있습니다.

모든 다채로운 것과 구별되는 아름다운 연꽃은 실제로 차크라에 대한 수승(殊勝)한 명상 경험으로 묘사됩니다. 그것은 정확히 무엇일까요?

높은 전압이 흐르는 전선을 생각해 봅시다. 전선은 플러그를 꽂는 여러 콘센트와 함께 벽 속에 숨겨져 있습니다. 온열기, 냉방기, 선풍기, TV, 라디오, 녹음기 등은 서로 다른 플러그를 통해 연결합니다. 각 기기는 동일한 전선에서 전기를 끌어옵니다. 하지만 전기라는 힘은 기기의 목적과 설계에 따라 다양한 형태의 에너지로 변환되어 온열기에서는 열기를 만들어 내고, 선풍기에서는 날개를 돌아가게 합니다.

쿤달리니도 그렇습니다. 서로 다른 형태의 정신생리적 기관들이 쿤달리니에 연결되면서 이 하나이며 유일한 힘이 다양한 기능으로 변화됩니다. 여러분은 이 장을 읽으면서 눈을 감고 마음속으로 여러분의 미간 부위를 탐색하세요. 그리고 목, 심장, 배꼽 부위를 탐색하고 이어서 스와디스타나(svādhiṣṭhāna)[4]와 물라다라 부분도 느껴 보세요.

각 부위에서는 충동, 기분, 감각, 욕망이 다르게 경험됩니다. 눈썹과 이마 중심에서는 심장 중심에서 나타나는 양상과는 다르게 느껴지는 등 이들 의식의 중심에서 각각 아주 다른 측면을 보여 주는 것 같습니다. 같은 쿤달리니가 이렇게 서로 다르게 다양해져서 다른 양상과 측면을 경험하도록 돕습니다.

우리는 이들 정신생리적 중심이 지닌 기능을 직관적으로 압니다. 깊은 생각을 할 때에는 이마를 문지르게 되고, 느낌을 표현하면서는 가슴에 손을 얹게 됩니다.

위에서 언급한 에너지 중심으로서 각 차크라는 그 부위의 기관들을 통제합니다. 이들 각 부위와 관련된 심리적, 신체적 장애를 바로잡는 데 도움이 되는, 대중적으로 알려지지 않은 특별한 명상과 집중

---

4 역주: 스와디스타나(svādhiṣṭhāna): 생식기관의 뿌리에 자리한 중심.

이 있습니다.

우리는 '쿤달리니 일깨우기'와 '차크라 열기'에 관한 많은 이야기를 듣게 됩니다. 높은 영적 진전 단계와 연관된 현상은 사람들이 흔히 생각하는 것과 다릅니다. 대중적인 세 가지 현상을 보면 아래와 같습니다.

1. 무의식적인 몸의 움직임이 반드시 쿤달리니의 깨어남은 아닙니다. 때때로 뇌신경 장애가 쿤달리니 현상처럼 보이기도 합니다. 무의식적인 움직임들은 하부 에너지장과 통로가 아직 정화되지 않았다는 것을 보여 줍니다. 그러므로 영적 안내자의 의무는 제자를 필요한 정화로 인도하는 일입니다. 이 정화가 이루어지면 쿤달리니가 깨어났다는 유일한 징후는 무의식적인 움직임이 아니라 완전한 고요함입니다. 동요하는 감정과 감각이 저절로 고요하게 되어 그 사람은 성취한 이로 드러납니다.

2. 인성의 통로를 흐르는, 전기처럼 느껴지는 감각들을 프라나 쿤달리니와 동일한 것으로 간주하는데, 이런 감각은 프라나와 마음의 통로에서 느껴질 수 있지만 그것이 반드시 쿤달리니 통로에서 일어나는 것은 아닙니다. 진정으로 영적인 진보를 바란다면, 이런 현상에 대한 자부심과 거짓 낭만주의를 조심해야 합니다. 쿤달리니가 깨어난 이는 너무나도 순수합니다. 어떤 분노도 그를 건드릴 수 없고, 어떤 것도 그의 미소를 사라지게 할 수 없습니다. 사람들이 그에게 어떻게 해도

그에게는 줄어들지 않는 헌신적인 사랑이 있습니다.

3. 차크라 열기에 관해서도 주의가 필요합니다. 일부 잘못 이해된 탄트라를 대중화하려는 사람들은 '스와디스타나 열기' 등을 주장하면서 그것을 거의 성적 행위와 동일시합니다. 사실 샥티의 세계에서는 운메샤(unmeṣa)[5]가 니메샤(nimeṣa)[6]이고 니메샤가 운메샤입니다. 다시 말해 '여는 것이 닫는 것'이고 '닫는 것이 여는 것'입니다. 차크라를 여는 것은 차크라의 외부와 아래로 향한 문과 통로를 닫고, 안쪽과 위로 향한 문과 통로를 여는 것입니다.

차크라가 열렸다는 징후는 이렇습니다.

1) 물라다라 차크라가 열리면 명상 자세가 안정을 유지합니다. 세 시간도 3일 동안도 움직임 없이 앉아 있을 수 있고, 이 부동자세는 전혀 힘들지 않고 편안합니다. 물라다라가 각성된 사람은 몸이나 눈 같은 감각기관의 통제할 수 없는 움직임이 드러나지 않습니다. 수행자가 모든 감정적 불안정과 불안감을 내려놓았기 때문에 그의 주변 모든 것이 안정됩니다.
2) 스와디스타나 차크라가 열린 사람은 자연스럽게 독신주의자가 됩니다. 그들은 성적 에너지를 낭비할 수 없습니다. 그들에게 성적 본능을 일으키는 육체적 감각이 일어나는 순간 그

---

5   역주: 운메샤(unmeṣa): 눈의 깜박임에서 눈을 뜨는 순간.
6   역주: 니메샤(nimeṣa): 눈의 깜박임에서 눈을 감는 순간.

감각은 곧바로 여섯 번째 차크라로 상승하여 그곳에서 전기와 유사한 엄청난 폭발을 만들어 내기 때문입니다. 모든 성적 감각은 명상 상태로 들어가기 위한 초대가 됩니다. 감각이 흐르는 방향은 반대로 바뀌어서 수슘나 통로로 들어가고, 그곳에서 더 높은 의식의 중심으로 이끌어집니다. 제대로 훈련된 결혼한 수행자들도 가끔은 그러한 상승의 길로 가는 입문이 받아들여집니다.

3) 마니푸라(maṇipūra)[7] 차크라가 열린 사람은 불의 프라나를 지배합니다. 그들은 다른 사람에게 끊임없이 봉사하느라 피곤하거나 신체적 질병으로 쇠약할 때에도 치유와 활기를 띠게 하는 프라나를 어느 기관으로든 보낼 수 있습니다.

4) 아나하타(anāhata)[8] 차크라가 열린 사람은 보편적이며 이타적인 사랑을 발전시킵니다. 그들은 다른 사람이 보내는 감정적 지원과 헌신이 필요하지 않습니다. 하지만 그들이 추구하는 것이라면 무엇이든 모든 사람이 원하는 지원이 됩니다. 아나하타가 열린 사람은 자신의 의지로 델타파를 생성하여 요가니드라(yoga-nidrā)에 들어갈 수 있고, 의식적인 수면상태에서 어떤 학문이라도 배울 수 있습니다.

5) 비슛다(viśuddha)[9] 차크라가 열린 사람은 자연스러운 침묵으로

---

7 역주: 마니푸라(maṇipūra): 배꼽 영역에 자리한 중심.
8 역주: 아나하타(anāhata): 심장의 영역에 자리한 중심.
9 역주: 비슛다(viśuddha): 목의 기저부에 자리한 중심.

들어갑니다. 그들이 말을 한다면 그 말이 천 년 동안 행성 주위에 울려 퍼질 것입니다. 그런 사람은 꿈의 상태와 모든 예술의 창조적인 과정을 터득한 자입니다.

6) 아즈나(ājñā)[10] 차크라가 열린 사람은 가장 순수한 직관적 지식을 받습니다. 이 지식은 짐작이나 논리적 과정에 근거한 것이 아니며, 순서가 없이 섬광처럼 일어납니다. 아즈나 차크라가 열림으로써 그 사람은 구루(guru) 차크라, 마나스(manas) 차크라 그리고 사하스라라(sahasrāra) 차크라로 올라가는 사다리에 서 있게 되는 것입니다. 이 세 차크라에 대해서는 다음에 설명하겠습니다.

이런 차크라 열림의 징후는 설명에 도움이 되는 예시에 불과하며 완전한 것이 아닙니다. 이 주제는 스승의 지도 아래 있는 개별 경험을 위한 것입니다.

독자들은 사람들이 쿤달리니 상승과 차크라를 열기 위해 아쉬람에 오려고 바로 짐을 쌀 것으로 생각하시겠지만 그건 그렇게 간단하지 않습니다. 앞에서 언급한 것처럼 엄청난 정도의 정화가 필요합니다. 예를 들면, 탄트라에서는 샥티를 숭배하도록 되어 있으므로 탄트라와 스리비드야(Śrī-vidyā)를 가르치는 참스승은 여성을 향한 남성 제자의 태도를 주의깊게 관찰할 것입니다. 탄트라 문헌에서는, 탄트라와 스리비드야를 수련하고자 하는 사람은 여성에게 최상의 존경을

---

10 아즈나(ājñā): 양 눈썹 사이에 자리한 중심.

바쳐야 한다고 거듭 강조합니다. 그들에게 요구되는 태도와 행동을 몇 가지 들어봅니다.

탄트라 제자는
1) 여성이 있는 곳에서는 누구에게도 화를 내서는 안 된다. 여성에게 화를 내는 남성은 혼자 있도록 하라.
2) 여성들에게 최상의 존경을 지니고 말하라.
3) 일반적인 여성이나 어느 특정한 여성을 비판하지 않아야 한다.
4) 모든 여성을 샥티의 화신으로 여겨야 하고 여신과 함께 있는 것처럼 그들에게 행동해야 한다.
5) 단정하지 않은 헝클어진 모습으로 여성 앞에 나타나지 말아야 한다. 그들이 있는 곳에서는 깔끔하게 잘 차려입어야 한다.
6) 여성이라는 존재를 순수하고 존경할 만한 존재로 여겨야 한다.

또한
1) 여성이 그와 함께 기뻐한다면 신도 기뻐한다. 여성이 기쁘지 않으면 신도 기쁘지 않다.
2) 낯선 여성, 서 있거나 이야기하는 여성들, 일반적인 여성들 앞을 지나갈 때는 마음으로 인사하고 경의를 표해야 한다.

탄트라 문헌에 여성들이 해야 하는 정화와 훈련 규칙은 기술되지 않았습니다. 위의 예는 탄트라의 남성 제자들이 여성에게 행해야 할 규칙인데, 그들은 여자 선생에게 받은 입문이 10배, 100배 더 효과적이라고 말합니다.

여성들이 지켜야 할 규칙은 무엇일까요? 그들은 자신이 지닌 샥티의 존재와 그에 부응하는 은총과 상냥함을 인식해야 합니다.

우리 중 얼마나 많은 사람이 위의 내용을 명심하여 탄트라의 가르침을 받을 준비가 되었을까요?

탄트라의 가르침을 진지하게 받아들였다면, 세상은 오늘날과는 많이 달라졌을 것입니다. 많은 사람들이 탄트라의 가르침을 받는 자격을 지닐 수 있기를, 그리고 그 자격을 얻어 해탈을 성취하려면 정신적인 습관의 형태를 모두 버려야 한다는 것을 진심으로 깨닫기를 희망합시다.

모두가 자유롭게 되기를!

스와미 웨다 바라티

1

나는 누구인가?

> 이 묵상은 2006년 5월 1일 독일 브레멘(Bremen)에서 인도되었습니다. 명상을 이끄는 음성은 청중이 눈을 감고 고요히 앉아 있을 때 각 참여자들이 "나는 누구인가?"라는 질문을 경험하도록 이끌었습니다. 그 질문에 대한 답은 자연스럽게 호흡과정의 원천인 의식을 관찰하는 것으로 이어졌습니다. 쿤달리니에 대한 첫 번째 지식은 호흡에 있으므로 여기에 그 내용을 포함시킵니다.

"나는 누구인가?", "나는 무엇인가?" 이 질문은 누구나 한두 번은 했을 질문입니다.

이 질문에 대해 묵상해 봅시다. 누가 이 질문을 하는가? 여러분 마음속을 들여다보며 질문이 일어나는 곳을 찾아보세요. 질문을 이루는 말에 앞서서 그 말보다 깊은 고요한 침묵의 느낌이 다가올 것입니다. 그 질문이 일어난다고 느껴지는 곳으로 들어가세요. 그 느낌을 먼저 알고 난 다음에 질문을 찾아야 합니다.

그 느낌의 씨앗은 어디에 있을까요? 여러분의 순수한 의식으로 들어가서 그 씨앗을 찾아보세요. 여기에서 의식은 추상명사가 아니라 고유명사이며 여러분이 갖는 유일한 이름입니다. 단 하나뿐인 여러분의 이름은 의식입니다. 다른 모든 이름은 우리에게 부여된 조건들의 명칭입니다.

우리는 그저 존재하는, 이름이 없는 의식입니다. 의식은 오로지 순수한 존재로서 경험되고, 이름과 조건이 없는 존재로 인식합니다. 몸과 몸을 이루는 부분들은 우리의 이름이 아닙니다. 여러분은 순수한 존재이며 의식 그 자체로 존재한다는 것을 알아야 합니다.

우리 존재는 의식 그 자체이며, 하나 이상의 요소로 구성된 존재가 아닙니다. 몇 가지 요소로 구성된 존재가 아닌 우리는 결코 태어난 적이 없고 여러 요소로 분해되지 않습니다. 우리는 영원히 죽지 않을 것입니다. 우리는 영원에서 영원으로 존재하며, 무한 전체가 통과해 지나가는 의식의 존재입니다. 우리가 그 무한한 의식의 존재라는 것을 알아야 합니다.

지금 바로, 이름 없고 제약 없는 당신이란 존재를 깨달아야 합니다. 시공간의 구분이라는 제약이 없는 상태가 당신 존재에 적용됩니다. 그것이 성스러운 존재들의 자아이며, 그 자아가 바로 우리 존재입니다. 우리는 순수하며 자아를 인식하는 에너지장입니다. 그 순수한 에너지장 주변에 제한이 있는 물질이 집(몸)을 짓습니다. 모든 조건은 그 물질로 된 집의 조건입니다.

순수한 의식의 에너지 존재인 우리는 그 집에서만 거주합니다. 하지만 그 집이 우리 자신은 아닙니다. 집의 조건이 우리의 조건은 아닙니다. 즉 키가 크거나 작거나, 거인, 난장이, 남성, 여성, 태아, 유아, 어린이, 사춘기 청소년, 청년, 성인 등이 우리의 조건이 아닙니다. 우리의 한계는 무한의 수평선입니다. 우리는 그런 존재입니다.

마음속에서 이렇게 단언하세요. "내가 그것이다."(so-ham)[1] 잠시 깊은 침묵 속에서 당신이 그 무한하고 제한 없으며 순수한 의식 에너지 존재임을 느껴 보세요! 그리고 그 인식에 머물러 보세요.

여러분이 물질적인 집에 거주하지만 그 집이 여러분 자신은 아닙니다. 창문을 열고 그 집을 감각으로 느낄지라도 자신이 순수한 존재임을 잊지 않도록 하세요. 경치가 있고 향기와 감각적인 감촉이 집에 들어올 때에도 동요하지 않는 거주자가 되세요.

관찰자, 관리자, 중립적인 목격자가 되세요. 그러면 순수 존재인 우리에게 어떤 슬픔도 비통함도 없습니다. 우리의 무한성 안에는 기대도 실망도 없습니다. 계속 단언하세요. "나는 그것이다. 소-함."

이 물질적인 집이 생명을 가지고 접촉하는 것이 바로 우리 존재라는 것을 알아야 합니다. 우리는 이 물질 형태의 몸과 닿아 있기 때문에 몸이 인간이 됩니다. 우리가 의식의 파장을 내보내면 마음은 의식의 외양을 확립합니다. 우리가 인식을 하면 마음은 가장 미세하고 섬세한 물질에너지로써 뇌와 신경체계의 구조를 활성화합니다. 우리가 의식의 파장을 철회하면 모든 뇌신경 활동이 멈춥니다.

여러분은 마음과 뇌와 신경을 활기차게 하는 순수하고 조건 없는

---

[1] 산스크리트어 'so-ham'은 'so-hummm'에 가까운 소리가 난다고 스와미지는 언급하셨다.

무한의 자아입니다. 자기 자신이 그렇다는 것을 알아야 합니다. 내가 그것이라고 스스로 확신하세요. 그 확신이 말로만 하는 조건이 되지 않게 하세요. 말로 하는 조건은 일시적이고 시간에 얽매이기 때문입니다. 여러분은 바로 그 무한의 자아이므로 그것이 '속에 있다' 또는 '곁에 있다'라고 선언하지 마세요. 오로지 자기 자신이 그것이라는 것을 알고 자신이 무한 영역에 있는 존재라는 자기인식에 머무르세요.

그렇게 무한 의식의 존재인 여러분은 광대한 여러분 존재의 파장을 내보냅니다. 그 파장이 마음 영역에 닿고 마음 영역은 인식의 외양을 받아들입니다. 여러분 자신인 무한 생명력의 파장은 마음을 통해 걸러집니다. 그렇게 여과된 파장은 생명력의 영역인 프라나에 도달해서 생생하게 살아 있는 흐름이 되고 사람은 활기를 띠게 됩니다.

마음과 프라나는 끊임없이 이 초월적인 리듬에 반응합니다. 이 리드미컬하게 움직이는 흐름은 몸 전체 기관을 지나며 조화롭고 아름다운 음악을 만들어 냅니다. 우주적인 음악은 내부 기관이라는 모든 악기를 통해 연주됩니다. 그 리드미컬한 멜로디가 몸 전체에 흐릅니다. 이들 기관의 빈 공간에 갇힌 공기가 그 부드럽고 조용한 음악에 반응합니다. 몸 속 공간의 갇힌 공기가 조용하고 부드러운 움직임으로 흐르기 시작합니다.

우리는 그 음악처럼 리드미컬한 흐름을 호흡이라 이름 짓습니다. 우리는 숨을 쉬며 "나는 살아 있다."고 말합니다. 우리가 호흡이라고 명명한 이 활기를 띤 흐름을 관찰해 봅니다. 무한의 파장이 보내지고, 생명력과 의식이 마음에서 여과되고, 프라나 영역에 닿고, 내부 기관에 활기를 띠게 해서 음악적이고 조화롭고 리드미컬한 움직임으로 만들어 의식의 파장을 표면화하는 징후를 만들어 냅니다. 이것을 당신의 호흡이라 부릅니다.

이 의식 전체와 호흡이 흐르는 생명력의 과정을 관찰하세요. 우리는 이 호흡의 흐름이 무한에서 온 파동이며 선물이라는 것을 알아야 합니다. 이 호흡의 흐름을 만들어 내는 몸 속 기관들의 음악적이고 율동적인 움직임을 관찰하세요.

프라나의 자리인 배꼽 부위의 부드러운 오르내림이 호흡의 흐름으로 보내지는 것을 관찰하세요.

배꼽에서 콧속으로 그리고 콧속에서 배꼽으로 흐르는 호흡 통로를 관찰하세요. 천천히, 고요하게, 부드럽게 호흡하세요.

여러분의 호흡을 관찰하세요. 그 호흡에는 끊어짐이 없습니다. 바이올린이 붙임줄로 표시된 부분을 이어서 연주하듯이 부드럽게 호흡하세요. 의식적으로 관찰한 날숨의 끝에 이어서 의식적으로 관찰한 들숨이 들어옵니다.

멈춤 없이 의식적으로 관찰한 한 번의 들숨이 완성되면 의식적으로 관찰한 다음번 날숨을 부드럽고 고요하게 시작하세요.

무한한 의식의 파장과, 호흡의 흐름을 내보내고 있는 생명력을 계속 인식하세요. 여러분 자신이 바로 '나는 그것이다'(so-haṁ)의 '그것'입니다.

내쉬며 '함'(haṁ)을 생각하고 들이쉬며 '소'(so)를 생각하세요.

호흡의 흐름을 느끼고 콧속에서 호흡의 소-함이 지나가는 것을 느끼세요.

여러분이 숨을 내쉬면 발산되는 것은 여러분의 마음입니다. 숨을

들이쉬면 그 숨은 여러분의 마음자리로 되돌아갑니다. 숨과 숨 사이에 끊어짐이 없게 하세요. 소-함의 생각에 어떤 끊어짐도 없게 하세요.

여러분의 호흡이 바로 여러분 자신, 즉 무한의 파동을 운반하는 수단이 된다는 것을 알아야 합니다. 이렇게 인식하고 세상으로 걸어 들어가 해법을 찾으세요. 이 인식은 여러분의 근원이고 여러분이 현재 머무는 곳이며, 내적으로 여러분이 완전한 휴식을 취하는 장소인 무한성의 의식과 항상 연결되어 있습니다.

모든 종교의 성자들, 종교를 갖지 않은 성자들, 예언자들, 모든 보살과 부처, 해탈한 모든 존재, 구루 전승의 창시자들과 우리의 구루 전통, 무한한 신성 안에서 모두가 하나인 그 모두가 바로 그 신성인 여러분에게 평화가 함께하기를 축복합니다.

나는 오늘 여러분이 책 읽기를 그만두고 침묵하기를 권합니다. 여러분이 할 수 있는 한 이 인식을 유지하세요. 잠을 잘 때도 이 인식과 함께함으로써 여러분 안에 있는 신성한 빛과 함께 깨어날 것입니다. 나는 여러분이 자신 안에 흐르는 무한의 신성한 갠지스 강에 날마다 잠길 수 있도록 여러분을 초대합니다.

2

요가 수행자들은 왜 금욕을 선택하는가?

모든 차크라는 천 개의 연꽃잎으로 이루어진 사하스라라(sahasrāra)가 주관한다. 사하스라라는 영적 심장(hṛdaya) 즉 무한한 내면의 공간(dahara ākāśa)인 아주 작은 영적 심장의 동굴에 숨겨져 있다. 그 내면의 공간은 수슘나(suṣumṇā)에 있다. 수슘나는 영원한 공간(空, śūnya)에 있다. 영원한 공간은 최상의 영적 자아(Paramātman)에서 머문다. 최상의 영적 자아는 초월적인 순수존재(Parabrahman) 안에 있다.

— 바마데바 샤스트리(Vamadeva Shastri)

성별의 기원에 대한 의문에서 시작해 봅시다. 소크라테스는 황금기(Golden Age)에 인간은 모두 성별 구분이 없는 단일체였다고 생각했는데, 그것은 한 사람에게 남성성과 여성성이 똑같이 드러나는 결합된 존재였습니다. 그렇게 지내다가 어디에선가 무너지면서 두 양상이 분리되었고, 그때부터 여성과 남성은 그들의 반쪽을 찾기 시작했다는 것입니다.

이 이야기는 우리가 인도전통에서 읽은 내용과 아주 유사합니다. 예를 들면, 칼리다사(Kālidāsa)의 산스크리트 대서사시 『쿠마라삼브하바』(Kumāra-sambhava, 2.3-15)에 언급된 경구는 이렇습니다.

그때 신들은, 모든 것을 유지하는 분이며 모든 방향을 향한 말씀의 신인 그 앞에 엎드렸습니다. 그리고 일어서서 심오한 의미를 담은 말로 칭송하며 말했습니다.

"세 가지 형태를 지닌 창조 이전의 절대자인 당신을 경배합니다. 당신은 분리되어 자연의 세 가지 속성으로 나누어졌습니다.

당신이 확실한 씨앗을 물에 뿌리자 그로부터 세상의 움직이는 것과 움직이지 않는 것이 생겨났습니다. 당신은 그것의 원천으로 찬미를 받습니다. 오, 태어남이 없는 분이시여.

당신은 유일하지만 세 가지 조건으로 당신의 힘을 발산하여 소멸과 유지와 창조의 원인이 되셨습니다.

남자와 여자는, 창조 의지를 지닌 당신의 형태가 분리된 것으로서 각각 당신의 반쪽입니다. 그들은 창조물의 탄생을 부여하는 자들로서 부모로 불립니다."

이와 유사한 내용이 고대 마누법전(Lawbook of Manu)에 있습니다.

모든 것이 잠들어버린 듯이 온통 어두워졌고, 인식할 수 없고 표시도 없고, 분석할 수도 알 수도 없었습니다.(창세기 1장 2절 비교 "땅은 아직 모양을 갖추지 않고 아무것도 생기지 않았는데, 어둠이 깊은 물 위에 뒤덮여 있었다.")[1]

그때 스스로 존재하는 존재자인 신은 모든 요소를 현현시키는 미현현이며 활성화된 그의 힘으로 나타나 어둠을 물리치는 분입니다.

그는 감각을 초월하며 섬세하고, 드러나지 않으며 영원하고, 생각을 초월하여 모든 존재와 함께하며, 스스로 빛나는 최상의 자아입니다.

그는 명상으로 자신의 몸에서 다양한 자손을 창조하려는 의도를 지닙니다. 그는 가장 먼저 물을 창조했습니다. 그리고 그의 씨앗을 그곳에 풀어 놓았습니다.

그것은 천 개의 태양이 빛나는 광채를 지닌 황금알이 되었습니다. 그것에서 창조자, 모든 세계의 조상인 브라흐마가 태어났습니다.(창세기 1장 7절 비교 "하느님께서는 이렇게 창공을 만들어 창공 아래 있는 물과 창공 위에 있는 물을 갈라 놓으셨다.")

우주의 물은 나라(Nārā)로 불립니다. 우주의 인간 즉 신 나라의 아이이기 때문입니다. 그때부터 그는 처음 그곳에 살았으므로 '나라야나'(Nārāyaṇa)로 불립니다.(창세기 1장 2절 비교 "그 물 위에 하느님의 기운이 휘돌고 있었다.")

그것이 존재와 비존재 모두를 포함하면서 세상에서 브라흐마로 불리는 우주의 인간, 그 일자(一者)에 의해 창조된 영원한 미현현의 원인입니다.

일년 동안 그 황금알에 있던 신은 자신의 자아에 대한 명상을 통해서 그 알을 두 부분으로 나누었습니다.

둘로 나누어진 그의 몸은 한쪽은 남자로 다른 한쪽은 여자가 되었습니다.

---

[1] 역주: 본문에 인용된 성경 부분은 공동번역 성서(가톨릭용)를 따랐음. 대한성서공회 발행, 1986.

스승은 그녀 안에 비라트(Virāt)를 창조했습니다. 비라트는 다양한 우주 현상에 담긴 유일한 원리입니다.

이상 우리가 말하는 전통에는 남성과 여성이 본래 통합체라는 원리가 들어 있습니다.

이제, 우주적 남성과 여성에서 우리 안에 있는 남성과 여성을 생각해 봅니다.

인도에는 흔히 반은 남성이고 반은 여성으로 묘사되는 쉬바(Śiva)로 알려진 대상이 있는데, 사람에 따라 아르다나리쉬바라(Ardhanāriśvara), 주님, 성모님 등으로 부릅니다. 그런데 이는 남녀 한 몸이라는 개념과 다른 것입니다. 우리는 여기서 육체의 외형에 대한 것이 아니라 영적 원리에 대해 말하고 있습니다. 비정상적인 이원성이 아닌 상호 보완적 결합체의 완전한 혹은 신성한 상태에 관해 말하고 있습니다.

이것은 탄트라의 내용을 상기시킵니다. '탄트라'라는 단어는 일부 사람들에게 매우 흥미로운 것이 되었습니다. 탄트라에 관한 많은 책이 출판되었지만 대중적인 책에는 왜곡되고 그릇된 설명이 많습니다. 사람들은 진정한 탄트라를 이해하지 못합니다. 탄트라는 금욕의 과학입니다. 탄트라를 이해하는 사람들은 자연스럽게 금욕이 됩니다.

탄트라에서 우리는 쿤달리니로 불리는 힘을 언급합니다. 사실 우리 안에 쿤달리니라고 부르는 힘이 있는 것이 아닙니다. 쿤달리니는 신성한 의식의 흐름입니다. 거기에서 우리의 전 인성이 나오고 우리 인성의 모든 에너지가 생성됩니다.

사실, 온 우주는 에너지가 추는 춤입니다. 우주에서 에너지가 추는 춤 말고는 아무것도 없습니다. 어느 순간에 에너지는 의식적 에너지와 무의식적 에너지로 나뉘고 일종의 양분되는 현상이 발생해서 통합체에서 이원성이 전개됩니다. 우파니샤드(Upaniṣads)에 이런 내용이 있습니다.

그는 홀로 하나였다.
그는 '홀로 있다'는 것을 깨달았다.
그는 말했다. "내가 다수가 되게 하소서. 내가 번식하게 하소서."

이렇게 반복하자 그대로 되었습니다.

그렇게 그는 자신을 둘로 나누었다.

우주 안에 자아인식이 없는 에너지는 자연이라 부르고, 의식 에너지는 신, 영혼 또는 쿤달리니라 부릅니다. 이 의식 에너지가 우리에게 접속되면 우리는 그것을 쿤달리니라 부릅니다.

세 개의 존재가 결합하여 수태가 일어납니다. 세 개의 존재는 누구일까요? 어머니, 아버지 그리고 태어날 영혼입니다. 두 존재의 결합으로 수태가 일어난 것이 아닙니다. 두 존재는 수태를 발생시키지 않고 수만 번 결합할 수 있습니다. 수태가 일어나려면 세 개의 존재가 결합해야 합니다.

이 의식 에너지가 흘러 들어가서 형체를 갖춘 존재가 실재하게 됩니다.

이 과정은 철가루가 자석에 접촉할 때와 비슷합니다. 종이 아래 자석을 대고 철가루를 종이 위에 뿌리면 철가루는 자기장의 모양으로 배열됩니다. 마찬가지로 인간의 몸은 좌우대칭으로, 비례를 이루는 배열과 남극과 북극이 있는 완벽한 균형을 이루는 형태입니다. 우리 몸은 쿤달리니로 불리는 에너지장의 선을 따라 좌우로 나누어집니다.

쿤달리니의 경로는 우리 눈에 잘 보입니다. 몸 중심을 따라 털이 난 곳을 관찰하면 쿤달리니가 배열된 것이 보입니다. 몸 안의 모든 것은 쿤달리니의 에너지장을 따라 배열되어 있습니다.

의식의 흐름인 쿤달리니에는 남성과 여성이 따로 있지 않고, 남성과 여성이 하나로 들어 있습니다. 우주에 완전한 남성성, 완전한 여성성이 없는 것과 마찬가지입니다.

남성성과 여성성은 서로 관여합니다. 여러분이 어떤 것을 어느 한 때의 기분과 정서와 감정으로 한 장소에서 볼 때 매우 여성적인 것으로 보이지만, 같은 것을 다른 기분과 다른 장소와 다른 맥락으로 보면 그것은 매우 남성적으로 보입니다. 강물의 흐름은 여성적이지만 수문이 열리는 곳에서 강물은 매우 남성적으로 흐릅니다. 이것은 여성성과 남성성에 대한 우리의 해석입니다. 완전한 여성성, 완전한 남성성만 있는 인간은 없습니다. 우리 안에는 이 두 가지가 결합되어 있습니다.

우리와 접속한 쿤달리니의 힘은, 아직 우리가 자신의 내면 의식을 발전시키지 않았기 때문에 완전한 환희로 드러나지 않고, 불량한 에너지 전도체 안에 숨겨지고 덮인 상태로 걸려 있습니다.

쿤달리니의 흐름 자체는 위아래, 앞뒤 같은 방향을 갖지 않지만, 신체에서 들여다보면 그것은 척추기저부에서 머리꼭대기까지 흐릅니다. 이것은 우리 신경체계의 핵심지점이기도 하지만 쿤달리니를 신경체계와 동일시해서는 안 됩니다. 쿤달리니는 신경의 파동으로 측정되지 않지만 그 자체는 신경체계를 움직이는 에너지의 근원이며 원인입니다. 위대한 요기(yogi)들은 이 의식의 흐름인 쿤달리니를 한 올의 머리카락을 일만 가닥으로 나눈 그 한 가닥처럼 가늘고, 끊어짐이 없는 섬광이며, 만 개의 태양의 광휘가 빛나는 존재로 설명합니다. 사운다르야라하리(Saundaryalahari)에서 이런 내용을 읽습니다.

한 줄기 번갯불처럼 가늘고
태양과 달과 불로 이루어진

그래서 쿤달리니를 척추기저부에서 머리꼭대기까지 흐르는 영혼의 빛으로 설명합니다. 여러분이 쿤달리니를 척추로 생각한다면 쿤달리니는 지팡이와 같습니다. 여러분이 그 안에 있는 에너지를 본다면 그때 쿤달리니는 뱀이 됩니다. 그러므로 성경에서 모세가 하느님께 묻는 내용을 보면 "야훼께서 저에게 나타나셨다는 말을 헛소리라고 하면 어떻게 합니까?" 하자 신은 말씀하시길 "네 손에 있는 지팡이를 땅에 던져라." 하셨습니다. 모세가 그렇게 하니 그 지팡이가 뱀이 됩니다. 그때 모세는 지팡이가 뱀이 되는 쿤달리니의 일깨움을 얻습니다.

뱀이 더 낮은 영역으로 떨어지면 그때는 어떤 일이 일어날까요?

대천사는 지하의 영역으로 떨어지고 낙원을 잃어버립니다. 쿤달리니가 추락하는 이야기, 밀턴(Milton)의 『실낙원』(Paradise Lost)을 읽어 보세요. 이 책에서 대천사는 반항하여 지하로 떨어진 후 불 속에 갇힙니다. 이로써 우리는 순결을 잃게 되었습니다. 추락한 쿤달리니는 이브(Eve)에게 나타납니다. 뱀은 "이 세상의 선과 악을 경험하는 이 과일을 먹어요."라고 유혹했습니다. 그녀가 그 유혹에 굴복하기 전까지 그곳에는 성별도 없었고 옷을 벗었다는 느낌도 없었습니다.

스와미들이 스와미 선서를 하면 그 순간부터 그들을 성별이 없는 이로 여깁니다. 수도승도 남성이나 여성으로 구분하지 않습니다. 가톨릭 전통에서도 수녀는 그리스도의 신부입니다. 세속의 얼룩이 묻지 않은 순수한 쿤달리니인 동정녀만이 고결한 그리스도의 의식을 잉태할 수 있습니다.

이 쿤달리니가 척추기저부에서 머리꼭대기까지 전율처럼 흐르면 그 선을 따라 어떤 지점에서 미세한 파동이 나타납니다. 그 쿤달리니는 일정한 간격을 지닌 파동이 생성되고 있는 척추기저부에서 머리꼭대기까지 흐르는 에너지의 수직적 흐름처럼 보일 수 있습니다. 이러한 일정한 파동이 나타나고 있는 그곳에 확실한 정신생리적 소용돌이가 일어납니다.

쿤달리니가 파동을 생성하는 그곳에서 우리 마음의 힘, 프라나의 힘 그리고 육체적 실체와 결합하는 정신생리적 소용돌이가 일어납니다. 그 파동이 정신생리적 소용돌이에 보내졌기 때문에 그곳에 어떤 생기가 발생합니다. 그러므로 그 영역에 있는 기관들에서 진동이 일어나고 기능이 시작됩니다.

이러한 일이 생겨 나타난 그 에너지로 인하여 모든 종류의 감각이 그 영역에서 느껴집니다. 이 기관들은 맥박과 조화롭게 내보낸 그 파동으로 전체적인 우주의 리듬에 반응하여 움직이기 시작합니다. 일부 공간에 갇혀 탁해진 약간의 공기를 지니고 있을 이 기관들의 반복적인 움직임이 한 호흡의 흐름이 됩니다.

이에 따라 형체가 있는 존재들이 활기를 띠게 됩니다.

우리의 카르마(karma)에 따라 여성의 영역에서 또는 남성의 영역에서 삶의 어떤 측면을 이행하고 완수해야 합니다. 그 영역이 성별이 됩니다. 어떤 일은 여성의 몸으로만 할 수 있고 다른 어떤 일은 남성의 몸으로만 할 수 있습니다. 우리가 할 수 있는 어떤 일들은 남성의 정신영역에서만 우월하게 할 수 있습니다. 그러므로 우리는 카르마에 따라 남성이나 여성으로 태어나게 됩니다. 하지만 각자 내면에서는 단순히 여성 또는 남성의 존재로서 우리가 불완전하다는 의식이 매우 분명하게 남아 있습니다.

우리는 자신의 주의력을 외부로 향하게 하는 습관이 있기 때문에 외부세계에서 완전함을 찾습니다. 여성이라면 남성을 찾고 남성이라면 소크라테스가 말했듯이 상대와 결합하기를 바라면서 여성을 찾습니다. 우리는 사향노루와 같습니다. 히말라야에는 전설이 하나 있습니다. 어느 계절 어느 시기가 되면 사향노루의 배꼽에서 사향 냄새가 피어오르는데 그 향이 너무나도 강하고 좋아서 노루들은 산 정상 여기저기를 뛰어다니며 그 경이로운 향기가 어디에서 나는지 미친 듯이 찾아다닙니다.

그러나 탄트라를 아는 요기들은 그의 내면에 집중합니다. 그는 남성성과 여성성이 하나의 근원에서 나누어진 것이며, 완전한 사람은 남성과 여성을 모두 지닌 이라는 것을 압니다. 그러므로 사람들은 영성을 발전시킴에 따라, 특히 쿤달리니의 길에 따라 외부에 대한 탐색을 내면으로 돌려 그들의 인성을 변화시킵니다.

누군가의 목 차크라가 열리면 말을 많이 한다거나, 심장 차크라가 열리면 지나치게 감정적이 되며, 골반 차크라가 열리면 성적 행위에 과도한 몰입을 하게 될 것이라는 둥 쿤달리니와 차크라에 관련된 대중적인 오해가 있습니다. 차크라의 열림은 모든 외적 징후의 닫힘입니다.

누군가의 목 차크라가 열리면 자연스럽게 침묵이 됩니다.

누군가의 심장 차크라가 열리면 울고 웃는 감정적인 분출을 겪는 것이 아니라 흔들림 없는 감정의 견고함을 보유하게 됩니다. 그런 사람의 사랑은 모든 것을 품지만 감정적인 혼란은 겪지 않을 것입니다.

골반 차크라가 열리면 자연스럽게 금욕이 됩니다. 왜 그럴까요? 그것은 우리가 명상을 하거나 차크라가 열리면 안쪽 그리고 위쪽으로 에너지가 흐르기 때문입니다.

차크라들이 열리지 않고 쿤달리니가 잠자는 상태에서도 그곳에 얼마나 많은 에너지가 있는가! 예를 들어 우리의 머리가 하는 일과 이미 한 일을 전부 생각해 봅시다. 아니면 단순히 지구상의 라디오 프로그램, 텔레비전 방송, 강연, 영화, 대화, 파티 등에서 지금 행해지고 있는 의사소통을 상상해 봅시다. 이것들과 마찬가지로 우리의 손가락 끝, 심장 중심, 생식기관, 목의 영역에서도 지금 모든 활동이 계속되고 있습니다.

더 많은 에너지가 이 소용돌이에 풀린다면 우리는 그것을 어떻게 할 것인가? 더 많은 에너지가 이들 차크라에서 외부로 흘러나오면 그 봇물이 나갈 수문은 어디인가?

우리의 심장을 봅시다. 심장에서 더 많은 에너지가 그렇게 흘러나왔다면 우리는 그것을 조절할 수 있었을까요? 또는 성의 영역을 생각해 봅시다. 성의 영역에 보내는 극소량의 쿤달리니는 보통사람들을 온갖 생각과 환상, 욕망과 탐닉으로 어지럽게 합니다. 그런데 그보다 많은 에너지가 성의 영역으로 흘러 들어간다면 세상에는 어떤 법과 질서가 있을까요?

명상가는 에너지의 흐름을 내면으로 돌려놓습니다. 요기들은 명상으로 들어가면서 "아, 그래. 이 느낌이야. 그런데 이 느낌은 어디에서 오는가?"라고 말합니다. 실제로 명상 중에는 에너지가 올라오고 강화됩니다. 쿤달리니 수련 중에 내밀한 성적 에너지 수준이 뚜렷하게 증가하는 시기를 경험하게 되는데, 수련자가 자격을 지닌 스승의 지도를 받고 있다면, 그것은 성적 에너지가 상승하는 것이 아니라 에너지가 강화되는 것이며, 그 느낌의 근원을 추적해서 밝혀내라는 지도를 받습니다. 그리고 쿤달리니 요가의 특별한 호흡 수련, 집중하는 훈련과 명상을 통해 수련자는 그 파동의 근원이 있는 내면으로 들어가게 됩니다.

요기는 정신생리적 소용돌이에서 그 소용돌이를 자극하는 진동으로 들어가고 다시 그 진동을 타고 쿤달리니의 전율로 들어갑니다. 이렇게 경로를 따라가는 것을 익히게 되면 인성의 하부에서 또는 몸의 특정 부분에서 일어나는 전율인 에너지 강화는 내부로 향하고, 대천사가 다시 올라가는 일곱 번째 하늘에 있는 한 점을 통과해 분출합니다. 그러나 이것을 성취하기 위해서는 수련자가 자격 있는 스승의 지도를 받아야 합니다. 구루는 제자가 자신을 통제할 수 있도록 돕고, 에너지를 안쪽과 위쪽으로 끌어당기는 올바른 기술을 제시할 수 있는 분입니다.

그런데 쿤달리니 요가 수행에서 발전을 원한다고 해서 반드시 금욕 선서를 해야 하는 것은 아닙니다. 수행 전통에는 수많은 재가자들이 있었습니다. 그것은 여러 가지 요소에 달려 있습니다.

사실 요가를 통해 일어나는 첫 번째 일은 감각적인 즐거움의 강화입니다. 여러분도 알다시피 감각을 즐기려면 우리는 즐기는 기술을 배워야 합니다. 우리는 자신의 감각을 즐기는 기술을 알지 못합니다. 닥치는 대로 감각에 몰두하기 때문입니다. 우리는 즐거움에 자제와 집중이라는 두 가지 즐거움의 근원이 있다는 것을 배운 적이 없습니다.

그림 그리기나 음악 또는 성적 탐닉 등 아름다움을 이해하는 어떤 심미적 활동에서 즐거움의 원천은 자제와 집중에 있습니다. 자제와 집중이 없이 음악을 즐기거나 연주하는 일은 있을 수 없습니다.

집중하고 싶은 일은 즐거움이고, 집중하기 싫은 일은 고통입니다. 집중하면 할수록 더 많은 즐거움을 느낍니다. 요가의 길에 있는 사람은 집중하는 기술을 배우지 못한 사람들보다 더 많은 집중을 통해서 감각을 즐기는 기술을 압니다.

그러나 일반적으로 감각을 즐기는 태도의 비극은, 우리가 더 자주 감각적 즐거움을 취할수록 더 많은 즐거움을 느낄 것이라고 생각한다는 데 있습니다. 어떤 사람들은 더 많은 성적 파트너를 갖는다면 더 많은 기쁨이 있을 것으로 생각합니다. 그러나 보존을 통해서 집중력이 발전합니다. 자제력은 우리를 더욱 강화시킵니다.

여러분이 그 강한 자제력을 갖게 된다면 그것을 한순간에 낭비하지 마세요. 바로 그 자제력으로 집중하는 시간을 가지고 천천히 진행하세요. 그렇게 하면 남자와 여자가 상대에게 싫증을 내는 일이 있을 수 없습니다. 인간은 남자는 여자에게 여자는 남자에게 헤아릴 수 없이 풍부한 보물입니다. 자제와 집중으로 그 보물을 발견하세요.

여러분이 부부간 결합을 갖는다면 오로지 배우자에게 당신이 금욕주의자처럼 선하고 사랑스러운 기쁨의 선물을 준다는 이타적인 생각으로 해야 합니다. 당신이 오로지 한순간의 해방을 위해 탐닉한다면 당신은 에너지의 패자입니다. 명상적인 삶과 연결되는 이타심은 가장 감각적으로 끌리는 결합에서도 내면을 향하도록 가르칠 것입니다. 그것이 다음 단계입니다. 그때 당신은 자신의 즐거움의 원천을 찾으려 할 것이며, 쿤달리니에서 그 원천을 발견할 것입니다.

성적 환희는 사마디에 든 요기의 환희와 비교하면 지극히 미미한 것입니다.

그렇다고 당신의 성적 행위가 죄가 된다거나 당신에게 좋은 것이 아니라고 말하는 것은 아닙니다. 요기들은 아난다로 알려진 그것에서 몇백만 배나 더 강한 즐거움을 발견했다고 말하는 것입니다. 이것이 요기와 철저한 금욕주의자의 차이점입니다. 성적 결합에서 경험되는 것은 무한히 충만한 어떤 것을 아주 조금 맛보는 것일 뿐입니다. 무한히 충만한 것이 있는 그곳으로 가세요. 그곳에 가면 여러분 안에 있는 남성과 여성이 영원히 결합할 것입니다.

분리는 치유되고 최상의 하나를 다시 발견하며 영원한 환희가 뒤따릅니다.

이것이 바로 요기가 독신으로 순결을 지키며 아난다에 사는 이유입니다.

요기들은 참기쁨을 추구하는 자들입니다.

3

명상과 감정센터

이 장에서는 영적인 명상의 삶을 살아가면서 경험하는 금욕과 욕정에 관련된 질문을 두 부분으로 나누어 답하고 있습니다.

그 질문의 첫 번째 부분은 '리비도, 욕망, 금욕, 순화'와 같은 낱말의 이해와 적용입니다. 이들 낱말은 무엇을 의미할까요?[1]

어떤 이유로 '성과 영성', '성과 종교'에 대한 질문에는 언제나 논쟁과 찬반양론이 일어날까요?

역사적으로 수많은 영적인 길에서는 왜 그렇게 금욕적인 삶이 성스럽게 여겨질까요? 그리스와 로마의 성처녀 여신, 처녀 예언자, 로마의 베스타를 섬긴 처녀, 가톨릭 수녀, 인도의 스와미, 불교의 비구와 비구니 이들은 모두 금욕을 받아들였습니다. 메카성지 순례기간

---

1   더 많은 정보는 ① 1977년 2월 12일의 'Five Silences Seminar' 녹음자료(77002번 카세트) ② Five Pillars of「Sādhanā」③ Song of Silence, Subtleties in「Sādhanā」에서 찾을 수 있으며, infor@themeditationcentre.org 또는 ahymsinpublishers@gmail.com 에서 구할 수 있음.

인 하지(hajj)에는 한 침대에 있는 것조차 금지됩니다. 이렇게 보편적으로 금욕을 널리 숭배하는 이유는 무엇일까요?

도교 수도승, 미국 인디언을 포함해서 세상의 모든 대륙과 세대에 어떤 이유로 금욕기간이 존재할까요? 미국 인디언들에게는 처녀 예언자 전통이 있습니다. 부두교에서 금욕기간은 자기 자신을 위한 정화기간으로 규정됩니다. 이러한 믿음과 종교를 지닌 사람들은 언제 함께 모여 그런 이상에 동의했을까요?

그런데 왜 오늘날에는 그 이상을 반대하는 저항이 있을까요? 그 이유는 그런 이상이 이해되지 않기 때문입니다. 세계 종교 역사에서는 적은 부분을 차지하는 서구문명은 지난 150여 년 동안 세계 다른 지역의 역사와 전혀 다른 면을 지녀왔습니다. 문명에 대한 개념이 발전한 그 한 세기 반 동안 그것과 어울리지 않게도 그들은 생존을 강조하며 그것을 유전자에 전달했습니다. 서구문명의 모든 측면은 몸, 몸, 몸 오로지 몸을 노래했습니다. 그 이상은 없었습니다.

프로이드는 잠재된 성욕(libido)의 충동을 이야기했지만, 리비도란 과연 무엇일까요? 그는 우리의 그 얕은 수준의 심리학으로 그 기능을 설명하지만, 성욕의 기원은 무엇이고 성욕의 본질은 정확히 무엇일까요?

오늘날 출판시장에는 대단히 흥미로운 탄트라 관련 책들이 쏟아져 나옵니다. 수없이 많은 대중은 자신이 어려움을 겪는 문제를 어느 정도 해결할 수 있을 것이라 생각하고 그런 책을 사겠지만 거기에 그런 내용은 없습니다. 오히려 사람들을 완전히 반대쪽으로 데려갑니다.

그것은 죄와 위법의 문제가 아닙니다. 그것은 우리의 충동과 욕구의 근원을 이해하는 문제입니다.

산스크리트에서 흔히 암송되는 구절에서는 인간이 동물과 공통적으로 음식, 잠, 두려움과 공격성, 성적 욕구 이렇게 네 가지 욕구를 가졌다고 말합니다. 두려움과 공격성 중 하나의 낱말만 사용하자면 두려움은 곧 공격성이고 공격성이 곧 두려움이라 하겠습니다. 스와미 라마는 이를 '네 가지 원천'이라 불렀습니다.

그러나 미덕과 정의에 대한 욕구(dharma), 영적 발견을 향한 내적 욕구는 인간에게만 있는 특별한 것입니다. 우리는 네 가지 욕구와는 다른 다르마 측면에서 이 네 가지 원천을 이해할 필요가 있습니다.

일부 예외는 있지만, 전반적으로 현대 심리학에서는 이들 네 가지 욕구만 다루는 것을 당연한 일로 여깁니다. 그들은 이 네 가지 욕구가 그저 아무 근거 없이 존재한다고 여기고 그 원천을 이해하거나 영적 기원을 탐구하지 않습니다. 이것들이 욕구를 충족시키면서 다르마에 이르게 될 수도 있다는 것은 거의 언급되지 않습니다. 이 네 가지 욕구는 과연 무엇이며, 우리는 왜 그것들을 바람직한 방향으로 승화시켜서 우리의 다른 충동 즉 영성을 향한 충동을 인식하는 도구로 만들고자 하는가?

이상이 질문의 첫 번째 부분입니다. 질문의 두 번째 부분은 이와 직접 연관이 됩니다.

대다수 수행자는 단정한 마음가짐과 거리가 있다고 여기는 이런 질문을 주저합니다. 어떤 사람들은 오해를 받지 않을 것을 알기 때문에 자신의 명상 지도자와 솔직하게 대화합니다.

질문은 무엇일까요? 질문은 다음 몇 가지 형태로 나타납니다.

1   요즈음 명상을 하는 동안 나는 엄청난 성적 욕망을 느낍니다. 무슨 일이 일어나고 있는지요, 어떻게 해야 할까요?

2   요즈음 얼마 동안 나는 밤이나 낮이나 아주 강렬한 성적 욕망과 함께 내가 너무나 많은 성적인 생각을 하고 있다는 것을 알았습니다. 이 생각은 특히 명상 중에 일어나지만 다른 때에도 마찬가지입니다.

3   나는 주말에 스와미지의 명상수행 피정에 참석했습니다. 아주 좋았어요. 그런데 그 피정을 하는 동안 성적 생각에 심하게 몰입하고 있다는 것을 알았습니다. 보통 때에는 그렇지 않은데 내게 무슨 일이 일어났을까요? 이 일을 어떻게 해야 하나요?

4   진지하게 명상을 시작한 이래로 성적 충동이 사라졌습니다. 이것 때문에 내 배우자가 불행하다고 느끼게 될까 봐 걱정이 됩니다. 내 배우자의 행복을 위해서 명상을 그만두어야 할까요?

이런 질문은 명상 수련자에게만 국한되지 않습니다. 집중과 호흡을 조화롭게 인식하면서 아사나를 수련하는 일부 하타요가 수련자와 명상의 초기 단계에 있는 수련자들도 질문합니다.

이 현상을 이해하려면 수련자가 쿤달리니로 알려진, 인성에서 가장 내밀한 마음의 구성요소를 이해해야 합니다. 이 용어에 관해서는 많은 오해가 있습니다. 일부 황홀함을 즐기는 이는 성적 에너지를 쿤달리니와 동일어로 생각합니다. 쿤달리니는 그것과 전혀 다릅니다.

여기서 나는 몇 가지 참고 자료를 추천합니다. 위와 같은 주제에 관한 도서 『쿤달리니』에 실린 스와미 라마의 글[2] '쿤달리니의 깨어남' 과, 같은 책에 실린 스와미 묵타난다의 글, 그리고 「쿤달리니」와 「차크라」에 대한 저자의 녹음자료[3]를 권합니다.

영적인 길에 관한 모든 내용은 인성 안에 있는 신성에 대해 말합니다. 그것을 이해하기는 쉽지 않지만, 간단히 설명하자면 이렇습니다.

최상의 자아(parama-ātman)로 불리는 '태양'이 있습니다. 우리는 그 의미에 융통성을 발휘해서, 요즘 시대에 뒤떨어진 표현인 '신'이라 부르지 않기로 합니다. 우리는 인간이라는 형상계(形狀界)를 뚫고 들어오는 이 태양의 한 줄기 광선을 쿤달리니라고 부릅니다. 그것은 여러 층, 즉 지혜력(buddhi)[4], 마음(manas), 생명력(prāna) 그리고 마지막으로 우리의 생리적 층을 통과합니다. 요가 용어를 이해하는 사람들이 알다시피 이것은 그 빛이 반드시 통과해 지나가는 층입니다. 이것이 바로 우리의 온 인성이 지각을 얻고 의식과 활력을 얻는 방법입니다.

따라서 쿤달리니는 우리의 정신생리적 구조 전체에 흐릅니다. 그 광선은 수많은 광선으로 나누어지는데 그것이 통로 즉 나디입니다. 세 개, 열네 개, 10만 개, 12만 5천 개, 3천 5백만 개의 나디로 나누어집니다. 탄트라 문헌에서 언급된 나디도 이처럼 많지만 여기서 쿤달

---

[2] *Kundalini, Evolution and Enlightenment*, ed., John White, Anchor Books/Doubleday, Garden City, New York, 1979.

[3] info@themeditationcentre.org 와 ahymsinpublishers@gmail.com.에서 구할 수 있음.

[4] 이 능력을 더 깊이 이해하려면 스와미 웨다 바라티의 「Commentary on the Yoga-Sutras」 2권을 읽을 것. ahymsinpublishers@gmail.com.에서 구할 수 있음.

리니의 3천 5백만 나디의 이름을 전부 나열할 수는 없습니다. 내면을 향하면서 광선은 점점 미세해지고 전체 광선망은 전자 격자처럼 우리 인성에 스며들어 퍼집니다. 나디의 수는 그 사람의 명상이 얼마나 민감하게 진행되는지에 따라 달라집니다. 이 격자의 과학을 탄트라로 부릅니다. 탄트라는 문자 그대로 '격자'를 의미합니다.

나디 즉 통로는 십자형으로 교차합니다. 두 개의 통로가 교차하는 곳은 전문 용어인 '산디'(sandhi) 또는 '이음매'(joint)라 부릅니다. 세 개의 통로가 교차하는 곳은 '매듭'이라는 뜻의 '그란티'(granthi)라 부르고, 세 개 이상의 통로가 교차하는 곳은 '차크라'라고 부릅니다. 언어학적으로 '차크라'는, 영어 단어 '원(circle)', 그리고 옥스퍼드 서커스 또는 피카딜리 서커스에서의 '원형광장'(circus)과 어원을 같이하는, 엄청난 힘을 지닌 순환회로를 뜻합니다.

우리 인간은 이렇게 신의 광선이 통과하는 순환회로에 불과합니다.

이 회로에 수많은 차크라가 있지만, 초보자를 위해 흔히 일곱 개의 주요 차크라가 인용됩니다. 이들 차크라는 우리의 정신생리적 체계에 신성한 에너지가 주입되어 드러나는 자리입니다. 광선이 우리 정신생리적 체계에 주입됩니다. 그것은 히터, 냉장고, 텔레비전, 선풍기 등 여러 가지 전기제품에 연결되어 강한 전기가 흐르는 전선과 같습니다. 이 모든 전기제품은 같은 전기로 작동되지만 각 기기와 부품에 따라 가열, 냉각 등 서로 다른 기능을 실행합니다.

같은 회로가 배꼽 중심의 정신생리적 체계에 연결되면 한 가지 힘을 내면서 고유한 기능, 특별한 형태의 욕구, 특별한 종류의 욕망이 특별한 기관으로 흐릅니다. 그 전선이 안쪽에서 심장 중심에 연결되면 어떤 기관이 그곳에 있든 간에 에너지는 그 기관의 형태를 취합니다. 동일한 전기 흐름이 기계장치에 따라 히터도 쿨러도 작동시킬 수 있는 것처럼, 에너지도 연결되는 기관에 따른 형태를 갖게 됩니다.

쿤달리니 광선으로 채워진 각 차크라인 붓디, 마나스, 프라나에서 각 기관이 활성화됩니다. 그러므로 각 기관복합체는 한편으로 여러 감정과 연결되고 다른 한편으로는 생리적인 것과 연결됩니다. 말하자면, 골반-회음 부위, 배꼽 부위, 심장신경총, 목 중심, 미간(ajña cakra), 뇌 부위 등의 기관에서 작동하는 여러 감정은 쿤달리니의 힘이 나누어져 주입된 것입니다. 하나의 동일한 힘이 이들 형태(기관)에 분배되어 한편으로 감정의 힘, 다른 한편으로 그 기관의 생리적 기능이 되어 정신생리적 복합체를 만드는 것입니다. 그러므로 우리의 특별한 감정은 기관과 연관되며, 각 기관은 구체적 감정과 연관됩니다.

35년 전쯤에 나는 미국 미니애폴리스 명상센터에서 인성의 구성요소에 관해 가르치고 있었습니다. 나는 청중 가운데 화가가 있는지 물었고 한 젊은 여성이 손을 들었습니다.

나는 그녀에게 앞으로 나오도록 청하고 칠판에 사람 형체를 그려 달라고 부탁했습니다. 그녀는 윤곽을 그렸습니다. 그 다음 나는 "이제 화가로서 이 윤곽선을 보세요. 그리고 당신이 보기에 균형이 잡혔다고 생각되는 곳에 점을 찍으세요."라고 말했습니다. 그녀는 점을 찍었습니다. 나는 다시 "이제 그 윤곽과 점을 바라보면서 균형 잡힌 다른 곳에 다시 점을 찍으세요." 했고 그녀는 그렇게 했습니다. 이렇게 계속해서 일곱 개의 점을 그 윤곽선 안에 찍도록 했습니다. 나는 그녀에게 "차크라 또는 일곱 개의 의식 중심에 대해 들어본 적이 있나요?"라고 물었습니다. 그녀는 없다고 대답했습니다. 나는 그녀와 청중에게 그녀가 찍은 일곱 개의 점은 정확히 일곱 차크라의 위치라고 말했습니다.

이 일화는 이미 우리 안에 영적 요소에 대한 깊은 직관적 지식이 있다는 점을 말해 줍니다. 그것은 사소한 자극만으로도 찾아낼 수 있습니다.

모든 예술의 원천이 직관이라는 것도 보여 줍니다. 그렇다면 직관이란 무엇일까요? 직관은 우리 자신에 대한 지식입니다. 여러분은 내적으로 균형이 어떻게 잡히는지 알기 때문에 균형이 잡히도록 인간의 형태를 그릴 수 있습니다.

점으로 표시된 복합체인 이들 힘에 접속된 신체기관의 힘은 쿤달리니 순환회로에서 나옵니다. 그러나 감정과 욕구에서 그리고 신체기관이 작동할 때 경험하는 외적인 힘은 쿤달리니에 있는 역동적인 에너지 대양의 물 한 방울에도 미치지 못합니다.

명상을 통해 집중력이 증가하면 자연스럽게 모든 기관에 있는 에너지, 즉 감정 에너지, 욕구 형태로 드러나는 에너지, 신체 기관의 생리적 작용의 형태로 나타나는 에너지의 종합적인 경험은 강화됩니다. 요가 수행자는 그가 선택한다면 앉아서 열 덩어리의 빵도 먹을 수 있지만 그런 바보 같은 짓은 하지 않겠지요. 그는 또한 차크라 중에서 배고픈 감정을 느끼는 센터의 에너지에 집중하는 것만으로도 먹고 마시고 싶은 욕구를 느끼지 않고 백일 동안 굶을 수도 있습니다.

쿤달리니 에너지를 가볍게 두드리면 그것은

- 모든 노력에 집중하는 효과,

- 엄청난 지력(智力),
- 감화력을 주는 유창한 언변,
- 시인 같은 예술가적 능력이 되고,
- 깊은 침묵이 되며,
- 요가 수행자로서 그 영역으로 들어간 사람의 무한한 우주적 사랑이 되고,
- 앞에서 말했듯이 배고픈 욕구를 느끼지 않게 되고,
- 의식의 격정적 감정 중심을 미처 숙달하지 못한 요기라면 성적 욕구의 증가를 가져올 수도 있습니다.

탁월한 수준의 자격을 지닌 구루(sad-guru)의 지도를 받는 현명한 제자라면 위에서 설명한 것들이 강화된 쿤달리니의 불꽃일 뿐이라는 것을 이해할 것입니다.

여기서 우리는 잠시 다른 은유로 벗어나 봅시다. 차크라는 쿤달리니의 3천 5백만 개 통로 중에 세 개 이상의 통로가 만나는 곳인데, 그것은 검지 끝, 약지 끝, 양쪽 콧구멍 사이(nāsāgre), 혀끝에 있습니다. 케차리 무드라에서처럼 입 천장에 닿기도 하는 혀뿌리와 혀 한가운데에도 차크라가 있습니다. 요가 수행자들은 이들 차크라를 각기 다른 목적에 이용합니다.

차크라는 밖이나 안을 향해 열리는 문입니다.

차크라의 열림은
차크라의 닫힘을 의미한다.

외부로 향하는 흐름을 닫으면 그것이 지닌 강력한 에너지가 방향을 바꿔 내부로 향하는 흐름이 됩니다. 대다수 세상 사람들은 모든 감각의 문을 통해 밖으로 에너지를 흘리고 서둘러 내보내고 쏟아내서 자신들을 언제나 줄줄 새는 거름망으로 만듭니다. 요기는 관련된 감각과 기관의 느낌을 아주 다르게 해석합니다.

요기는 성적 느낌이 어떤 기관에 자리하고 있는지 아는데, 우리에게 그곳이 에너지 집합체, 즉 위로 향하는 흐름을 강화하고 망상의 안개를 뚫고 들어가기 위해 가볍게 두드릴 수 있는 힘의 저장소라고 알려 주기 위해서입니다. 이제 그 힘의 저장소가 강화되고 있습니다. 그 거센 흐름을 내부로 향하게 하면 내부로 뚫고 들어가는 강화된 명상의 힘이 될 것입니다.

수행자가 준비도 없이, 어떤 차크라에서 강력한 에너지 분출을 경험할 때는 그것을 성적 욕구나 충족하려는 충동으로 해석하기도 합니다. 하지만 그때 수행자는 그것을

- 축복으로 받아들이고,
- 안으로 향하는 흐름으로 방향을 바꾸라는 초대로 받아들여야 하며,
- 그렇게 하자면 올바른 자세를 훈련해서 감정을 육체적인 것에서 영적인 것으로 변화시켜야 하며,
- 반다(bandha)와 무드라(mudrā)를 규칙적으로 수련하고,
- 이와 더불어 에너지 흐름을 안쪽과 위쪽으로 향하게 하는 특별한 기술을 안내받아야 합니다.

이 특별한 기술 중에 물라반다(mūla-bandha), 아스위니무드라(aśvinimudrā), 아그니사라(agni-sāra)가 있습니다. 아그니사라에는 여러 단계가 있는데, 그 중 가장 신비로운 단계는 가장 효과적이지만 경험 많은 선생에게 배워야 합니다. 그리고 또 하나는 자신의 개인 만트라와 함께 마니푸라 차크라와 아즈나 차크라 사이의 호흡 흐름에 집중하는 것입니다. 이때 올바른 횡격막 호흡과 고른 호흡이 전제조건입니다. 다른 방법도 있으나 반드시 입문 방식에 따라 전수해야 하는 기술이므로 여기서는 언급할 수 없습니다.

쿤달리니의 각성과 더불어 이들 '기술'은 이미 학습했으므로 중단되지만 수행자 개인[5]에 따라 자연스럽게 다시 일어나는지를 관찰해야 합니다.

각성된 에너지는 흡수되어 수행자 내면의 운동을 강화해서 수행자가 여러 의식 층(kośa)을 침투하도록 돕습니다. 그리고 마침내 가장 수승한 차크라의 중심에 있는 점을 통과해 분출되는 빈두베다나(bindu-bhedana)로 인도합니다.

외부로 눈을 돌리는 사람이라도 성적 욕망이 각성된 것을 느끼는 때가 명상으로 들어가기에 가장 좋은 시점입니다. 그때 명상은 강화되고 깊게 들어갈 것입니다.

배우자와 함께 명상하는 것보다 더 아름다운 것은 없습니다.

이 안으로 향하는(antar-mukha) 흐름을 따라서 모든 황홀경을 억제하는 것을 배우고 그 흐름을 순수한 길(śukla 또는 suddha pantha)의 통로로

---

5   상세한 내용은 저자의 『Philosophy of Hatha Yoga』를 볼 것. 이 책의 내용을 파악했다면 이 장을 이해할 수 있을 것이다.

변환하는 것을 배워야 합니다.

어떤 사람들에게 이 에너지가 상승하면 춤추고 싶은 욕구나 통제할 수 없는 웃음이나 울음이 됩니다. 이렇게 밖으로 쏟아져 나가는 모든 누출된 에너지는 회수되어 미세한 차크라 통로를 따라 흐르도록 만들어야 합니다.

전생에 수련을 완수한 아주 운이 좋은 사람들이 있습니다. 그들은 차크라에서 각성이 일어났어도 불안을 느끼지 않습니다. 각성된 그들의 에너지는 자연스럽게 지고한 절정을 향해 흐릅니다.

하지만 재가자들의 경우, 자신의 각성된 에너지가 소실됨이 없이 배우자에게 완전한 만족을 주는 그런 기술을 배울 필요가 있습니다. 그것을 배우기 위한 특별한 방법이 있지만, 신비로운 육체로 부부가 결합할 수 있을 때, 육체의 결합으로 경험한 환희가 신비스러운 세계에서 느끼는 훨씬 더 강력한 즐거움에 비하면 단순한 맛보기에 불과하다는 것을 깨달을 때 비로소 그 방법을 배울 수 있습니다.

파탄잘리(Patañjali)의 『요가수트라』(Yoga-Sūtras)에서는 수련자들이 신비한 세계의 황홀경에 집착하는 것조차 경고합니다. 도를 넘을 수 있기 때문입니다.

지금까지 말한 것은 관련된 다른 질문의 대답이기도 합니다. 그 질문은 "명상을 시작한 이래 계속해서 분노가 일어납니다."와 같은 것입니다. 분노는 에너지의 속박입니다. 이 속박은 앞에서 말한 것과 유사한 수련과, 그에 더해서 자파(japa)와 네 가지 브라마비하라(brahma-vihāras)를 통한 감정 재훈련, 즉 '신 안에서 즐겁게 뛰놀기'를 통해서 풀어야 합니다.

이 장에서는 수행자들에게 '성욕'(libido)이라는 낱말의 의미와 그것의 기원과 본질, 그것이 무엇을 위한 것인지에 대해 설명했습니다. 또한 세계 곳곳에서 무슨 이유로 자발적으로 영적 위안을 추구하는 사람들이 순화되는 길을 배우고, 예언자나 남녀수도자가 되는 동정남녀에 경의를 표하는지, 그리고 자신에게 도움이 되는 순례의 길을 나서서 잠시 순례자가 되는지를 설명했습니다.

4

몸의
흔들림은
명상의
징후인가?

수련자는 명상 중에 종종 자기도 모르게 몸이 흔들리는 현상을 경험합니다.

그 현상은

- 몸이 앞뒤로 또는 옆으로 움직이거나 둥글게 회전하거나
- 심지어 더 급격하게 몸이 떨리는 형태로 나타납니다.

그것은 종종 육체적인 흔들림이 아니라 그냥 느낌일 수도 있습니다.

이런 움직임은

- 어떤 의식이나 제전과 함께할 때 또는 제식이 진행되지 않을 때에도 신성한 장소의 제단이 있는 곳에서 일어납니다.
- 과거에 위대한 요기가 고행(tapasyā, 요가수트라 2.1 참조)을 행한 곳은 축복(prasādam)[1]의 에너지가 남아 있어서 그 장소가 신성하

---

1 아시아의 힌두교도와 불교도 전통에 신자가 성자나 성상, 영적 지도자나 연장자에게 음

게 되어 순례자나 방문자들은 오랜 세월이 지나도 그 축복을 받을 것입니다.
- 특정한 강이나 물줄기가 있는 곳 혹은 언덕 꼭대기나 동굴, 그런 종류의 자연적인 지점도 성스러운 기운을 받아서 순례의 중심지가 됩니다.

에너지의 발현은
- 바로 그 지점 '그곳'에 단순히 존재함으로써,
- 신성한 장소에서의 기도를 통해서,
- 경건하게 그 거룩한 땅에 경배함으로써 불러내지거나, 개별적으로 명상을 하는 동안에 몸이나 가상의 움직임 형태로 일어나기도 합니다.

이 흔들림은 정확하게 무엇이며, 어떤 힘에서 연유된 것일까요? 그럴 때 어떻게 해야 한다고 조언할 수 있을까요?

인간은 일상적이지 않은 경험에 반응하는 것을 즐깁니다. 두려움, 기쁨 또는 단순한 흥분, 심지어 자만심으로 반응합니다.

아, 보세요, 내가 얼마나 발전했는지. 나는 명상 중에 흔들려요. 나의 쿤달리니가 깨어난 것이 틀림없어요. 이제부터 내가 고대 구루들의 매개자가 되나요? 나를 은총과 축복과 입문을 허락하는 위대한 스승으로 선언해도 되나요?

식, 과일 등을 바치는 풍습이 있다. 그러면 그것을 봉헌물로 받아들이고 그 일부를 그것을 바친 사람에게 은총의 흐름으로 허락하는데, 그리스도교 전통에서 성수 세례로 은총을 받는 것과 같다.

또 다른 유형의 자만심도 있습니다.

내 안에는 충분한 에너지가 있어요. 나는 사람들을 흔들리게 할 수 있고 그들의 에너지를 일깨워 떨리게 만들 수도 있어요.

이처럼 간단한 예시에서 우리는 이 현상들이 무엇인지, 그들이 이런 식으로 자신을 드러낼 때 어떤 충고를 해야 하는지를 이해하기 위해 노력해야 할 것입니다.

앞장에 제시한 내용을 읽었으니 이제 이런 현상을 이해하기 쉽겠지만 다시 간단히 알아봅시다.

살아 있는 존재는 여러 겹의 에너지장이 여러 층으로 쌓인 하나의 묶음입니다. 흔히 이 층들은 깨어나지 않은 존재들 안에서는 여러 장의 타마스에 싸여 휴면상태로 있습니다. 멍한 의식상태(mūḍha)[2]인 이 휴면상태에서 작은 동요가 일어나 많은 형태를 갖게 될 수도 있습니다.

우리의 인성체계에는 서로 다른 수많은 에너지 통로의 연결망이 있습니다. 그 중 몇 가지는 이렇습니다.

쿤달리니의 통로, 침술 등에 활용되는 중국의 '기' 체계에서의 경락.

아유르베다에서 가르치는 세 종류의 통로, 즉 마음의 기류(mano-vaha), 프

---

2 「요가수트라」 1.1 주석에서 마음영역의 다섯 가지 상태 참조.
역주: citta의 보편적인 속성(citta bhūmi) 다섯 가지 - 광란(kṣiptaṁ), 멍함(mūḍhaṁ), 산란(vikṣiptaṁ), 집중(ekāgraṁ), 멈춤(niruddhaṁ).

라나의 기류(prāna-vaha) 그리고 체액과 호르몬의 기류(sroto-vaha), 아타르바베다(4.13.6-7)에 기초한 레이키(靈氣)처럼 여러 체계에 속한 선생들이 사용하는 프라나혼합 에너지의 통로들.

그런 에너지장의 여러 층은
- 외부 자극이 있을 때의 경험,
- 감각적 경험,
- 감정, 자발적인 행위, 비자발적 움직임의 형태에 반응하는 경험 등으로 동요를 일으킵니다.

또는 우리 인성의 구성요소에 휴면 에너지의 파동이 일어날 경우로,
- 어떤 강력한 존재와 접촉한 결과,
- 신성한 장소에서 힘의 영역의 사트바(sattva)가 주도하는 라자스(rajas)를 통해,
- 신성한 존재 안에서,
- 명상 중에 사트바가 주도하는 라자스 에너지의 동요로 휴면이 깨짐으로써

에너지장의 층들이 움직입니다. 어느 층이 동요되고 있는지는 스승만이 밝힐 수 있습니다.

누군가의 본성에 깊이 잠들어 있으면서 약간 움직이고 있거나 그의 곁을 맴돌고 있는 동요가 통제되거나 흐르는 것 또한 스승만이 알 수 있습니다.

우리의 영적 진보를 확인할 때 우리는
- 내가 흔들리고 있는가?

- 내가 무의식적인 움직임을 경험하는가?

라고 묻지 않고

- 내가 고요해지는가?
- 내가 있음으로서 다른 사람들도 고요해지는가?

라고 물어야 합니다.

영적 경험의 진정한 징후는 통로가 막힌 라자스를 통한 움직임이 아니라 사트바를 통한 고요함입니다.

다시 한 번 말하지만 "흔들리고 있는가?"라는 질문이 아니라 "고요해지는가?"라고 물어야 합니다.

명상에서 우리 몸은 세 가지 변화를 나타냅니다.

- 땀이 나거나,
- 움직임과 흔들림이 있거나,
- 고요해지는 것입니다.

처음 두 가지는

- 감정이 아직 정화되지 않았고,
- 프라나 조직들이 정렬되지 않았으며,
- 그들의 몸이라는 그릇이 에너지에 동화되고 흡수될 수 있도록 준비가 되지 않은 사람의 변화입니다.

고요한 상태에 있는 사람들과 함께 있기를 열망하세요.

여기 세심하게 관찰해야 할 점이 또 한 가지 있습니다. 명상이 진행될 때 나타나는 몇 가지 자연스러운 징후가 있습니다. 그것은

- 물라다라 차크라(자연스러운 물라반다)와 스와디스타나 차크라에서 위로 끌어당겨지는 느낌,

- 자연스러운 아스위니무드라,
- 배꼽 부위(자연스러운 우디야나반다)에서 안쪽으로 끌어당겨지는 느낌,
- 차크라 영역, 특히 아즈나 차크라 영역의 이마와 두개골 안쪽에서 누르는 느낌입니다.

이런 느낌들은 하타요가 철학에서 설명한 것처럼 아주 반가운 발전 흔적입니다. 하지만 어떤 신경학적 불균형으로 인하여 쿤달리니 같은 증상이 일어날 수 있습니다. 그럴 경우 신경전문의와의 상담이 필요할 것입니다.

에너지의 유입으로 인한 동요를 어떻게 받아들여야 할까요? 여기에는 몇 가지 답이 있습니다.

그 동요는 수승한 영적 상태가 아닐 수도 있습니다. 그 사람은 어떤 힘 있는 존재와 함께 있지만 그것을 받아들이기에는 그의 그릇이 너무 약합니다. 그의 그릇은 마구 쏟아지는 힘을 담고 흡수해서 자기 것으로 소화할 능력이 없기 때문에 그 힘은 동적인 움직임의 형태로 낭비되고 있습니다.

영적으로 진보한 사람은 그 힘을 수용하고, 흡수하고, 동화함으로써 자신의 에너지를 향상시킬 것입니다. 그 사람이 집중하면 그와 함께 있거나 그가 지도하는 말로써 다른 사람들이 집중하고, 중심을 잡고, 고요하게 느끼도록 이끌 것입니다. 그때 그 사람은 선생입니다.

그런데 많은 사람들이 그런 은총(prasādam)을 받을 때, 올바른 자세를 유지하지 않습니다. 척추를 반듯하게 세워 유지하고 신경근육계

통을 이완하는 것은, 그 에너지를 낭비하지 않고 에너지를 흡수하고 동화하는 첫 단계입니다.

흔히 그러한 경험은 순간적입니다. 그것은 신성한 영향력 안에 머무는 동안만 유지되고 그 다음에는 사라져 버립니다. 그 경우에

- 그저 정신적인 경의를 표하고,
- 은총을 부여한 존재를 기억하고,
- 이전처럼 자기정화와 명상 수행을 계속하세요.

그런 움직임이 계속되면, 이완과 고요해지는 수련과 호흡인식[3]에 따라 그 에너지가 흡수되도록 노력해야 합니다.

앞서 언급한 것처럼, 신경계의 장애 상태가 쿤달리니 경험을 모방한다는 것을 명심해야 합니다. 많은 경우 자신의 신체에 신경계 장애가 없다는 것을 확실히 하기 위해서는 신경전문의와 상담을 권합니다.

신경계의 장애가 없는데도 움직임이 지속될 때는 쿤달리니에서 고요함을 성취한 사람의 지도와 도움을 구하도록 하세요. 그런 사람은 자신의 내부 에너지를 이용해서 여러분의 에너지와 연결해서 흐르게 하는 신비한 기술을 알고 있습니다. 그는 자신의 역동적이고 잘 전달되는 에너지망의 고요한 영역에서 여러분을 붙잡을 것이며, 여러분의 호흡과 에너지장으로 안내할 것이고, 고요함으로 여러분을 이끌 것입니다.

---

[3] 저자의 소책자 「Breath Awareness Practices in Different Traditions」를 보라. ahymsinpublishers@gmail.com 에서 구할 수 있음.

그는 척추를 통한 호흡의 흐름을 떠올리게 하거나 쿠르마 나디[4]에 집중하게 하는 등의 적합한 수련으로 여러분을 안내할 것입니다. 이들 크리야(kriyā)는 대부분 이 수련과 함께 하는 특별한 만트라 입문이 필요합니다.

그러나 그 어떠한 것도 개인적 명상, 자파, 자기정화, 수련체계와 영적인 노력을 대신하는 것은 없습니다.

---

4 흉격(lower chest)에 거북이처럼 동그랗게 말린 에너지 통로. 요가수트라 3.31 참조.

5

신들의 꿀-1

쿤달리니는 영적 모임에서 자주 듣는 용어로, 사람들은 그것에 대해 읽고 대단한 기대를 갖습니다. 실제로 생생한 전기 흐름에 닿고 엄청난 충격을 받는 그런 곳이 있기를 기대합니다.

걸어다니는 발전소와 같은 존재들이 있다는 것은 의심의 여지가 없습니다. 그러나 그들은 숙달된 사람이며, 그들이 가장 먼저 숙달한 것은 절제와 자제의 기술입니다. 군인을 훈련시킬 때, 다른 사람을 쏘는 방법을 가르치는 것은 가장 단순한 훈련입니다. 가장 어려운 부분은 명령이 떨어질 때까지 총을 쏘지 않고 기다리는 것입니다. 요가도 이와 같은 훈련입니다. 훈련의 정의는 '제자가 거쳐야 하는 것'입니다.

'쿤달리니'와 '의식'은 동의어라 할 수 있습니다. 요가 철학에서 의식은 대상과 관련된 것이 아니라 대상 없는 의식의 철학입니다. 우리는 옷 한 벌, 금, 다이아몬드 또는 육신처럼 죽은 사물에 불과한 것을 알고 있는 많은 사람을 만납니다. 그들은 의식, 순수 의식이 갖고 있는 재물(財物)을 깨닫지 못합니다. 그러면서 종종 우리 안의 쿤달리니에 대해 말합니다. 쿤달리니의 힘에 대한 모호한 참고자료를 읽은 모험심이 강한 탐험가인 우리는 산에 오르고 싶어 합니다. 우리는 그녀가 사는 동굴이 있는 그 산을 오르고 싶어 합니다.

인간의 언어는 형체 없는 사물을 표현하기에는 너무나 부적절하기 때문에 우리는 쿤달리니라는 그 힘에 대해 만족스러운 묘사나 정의를 할 수 없으며 성별조차 정할 수 없습니다. 문제는 우리가 천 번의 생애 동안 영겁의 오랜 기억상실로 인해 고통을 받았고 지금도 고통을 받고 있다는 것입니다. 우리의 본성, 우리 존재를 잊어버리는 정체성의 위기를 맞이한 것입니다. 누군가 우리에게 어떤 색의 옷을 입혀도 우리는 "나는 이 색이다. 나는 색깔이다."라고 말합니다.

어느 위대한 성자에 관한 옛날이야기가 있습니다. 이 성자의 몸을 감싸고 개미들이 둥지를 만들 정도로 그는 천 년 동안 중단 없는 명상에 잠겨 있었습니다. 그를 통해 상승한 모든 힘은 아주 강력해서 그 진동이 천국(Paradise)의 왕 인드라의 옥좌까지 올라가 도달했습니다.

그의 엄청난 고행으로 그 힘이 천국의 왕좌를 넘어뜨릴 것 같아서 천국의 거주자들은 항상 두려움에 떨었습니다. 그래서 그의 고행을 방해하기 위하여 그들은 계속 유혹하는 자와 여자들을 내려보냈습니다. 그렇게 했으나 그 위대한 성자에게는 아무 일도 생기지 않았고, 그의 눈은 여전히 깊은 명상으로 감겨 있었습니다.

그를 통해 흐른 힘이 태양의 문을 통해 분출하여 천국의 왕좌를 끊임없이 흔들자 왕은 몸소 그에게 내려왔습니다. 왕은 개미둥지를 밀어 없애고 위대한 성자에게 말을 걸었습니다. "성자여, 왜 여기 계속 앉아서 명상을 하십니까? 이제 우리와 함께 천국으로 가시지요. 당신은 천국에 머물 특권을 얻었습니다!"

그러나 성자는 천국 같은 것에는 관심이 없었고 오로지 해탈에만 관심이 있었습니다. 그에게는 천국 또한 아주 제한된 공간입니다. 그곳에도 셀 수 없이 많은 은하계가 펼쳐져 있겠지만 무한과 비교하면 그것은 육신만큼이나 제한된 곳입니다. 80년 동안 산책 한 번 못하고 같은 방(육신)에 머문다고 상상해 보세요. 어떤 사람은 방 안에 머무는 것이 아주 안전하다고 느끼기 때문에 밖에 나가고 싶은 욕망이 없습니다. 그러나 몸 밖으로 산책을 해 본 사람들은 "밖은 정말 아름다워요. 어서 나갑시다. 밖에는 밝은 빛이 있어요."라고 말합니다.

그러므로 성자는 (작은 몸 안에 있는) 밀실공포증 환자로 취급받는 것에서 (몇백만 개 은하계로 확장된 천국에 있는) 또 다른 밀실공포증 환자로 취급받을 생각이 없었습니다. 그는 천국의 왕 인드라가 통치하는 영원한 수명을 가진 수많은 은하계에도 관심이 없었습니다.

그에게는 무한만이 필요합니다.

요기들은 해탈하려는 야망이 있는 사람들입니다.

그러나 천국의 왕은 "가야 한다."고 고집했습니다.

요기는 "당신의 천국에는 무엇이 있는가?"라고 물었습니다.

인드라는 이렇게 대답했습니다. "우리는 이 지상에는 없는 금과 같은 것으로 치장하고, 지상의 모든 연못에 피는 수백만 연꽃의 향기도 그 앞에서는 희미해지는 향기가 그곳에 있습니다. 노래하고 춤추는,

압사라(apsaras)[1]라고 부르는 천상 처녀들의 아름다움은 그 무엇도 능가할 수 없습니다. 나와 함께 갑시다. 천상의 춤추는 여인, 최고 압사라의 춤을 당신에게 보여 주겠소. 여자를 본 적이 있습니까?"

성자는 "아니요."라고 대답했습니다.

인드라는 다시 "나와 함께 갑시다."라며 강한 어조로 권했습니다.

그래서 위대한 요기는 호기심에 그를 따라 천상으로 올라가 인드라의 왕좌만큼 호화로운 자리에 앉았습니다. 천상의 궁정에서 으뜸가는 압사라가 일곱 개의 베일을 쓴 춤을 선보였습니다.(수행하는 요기만이 일곱 개의 베일이 무엇인지, 일곱 베일의 춤이 무엇을 의미하는지 이해할 수 있습니다.)

압사라는 노란 베일을 쓰고 들어왔습니다. 여자를 한 번도 본 적이 없는 요기는 '아, 여자는 노란색이구나.'라고 생각하면서 "나는 여자가 노란색인 줄 몰랐습니다."라고 하자 인드라는 "아니, 아니, 아니. 기다리세요."라고 말했습니다.

압사라가 춤을 계속하다가 노란 베일을 벗자 흰 베일이 나타났습니다.

"아, 여자는 하얀색이군요!"

"아닙니다. 수행자여, 당신은 너무 오랜 동안 눈을 감고 앉아 있어서 아무것도 모르는군요!"

---

[1] 압사라(apsara)는 천상에서 노래하고 춤을 추는 여인을 말한다. 압사라는 '요정'(fairy)이라는 단어가 된 이란어 'pari'에서 온 것이다. 셰익스피어는 '한여름 밤의 꿈'(A Midsummer Night's Dream)에서 인도가 고향인 요정과 한 소년에 대해 말한다. 왕비 티타니아와 남편 오베론 왕은 그 소년을 두고 싸우는데, 소년은 요정들이 인도의 어느 동굴에서 데려온 아이였다. '한여름 밤의 꿈'을 읽어 보면 요가의 상징주의에 대해 많이 언급된 것을 볼 수 있다.

"여자는 흰색이 아닌가요?"

"아닙니다! 그건 또 다른 베일일 뿐이랍니다."라고 인드라는 말했습니다.

압사라는 그전에 한 번도 춤춘 적이 없는 것처럼 춤을 추었습니다. 그녀는 위대한 성자가 더 많은 힘을 축적할 수 없게 만들어서 위대한 성자의 힘에서 왕의 옥좌를 보호하는 임무를 맡았기 때문입니다. 어떻게든 그 힘이 감소될 수만 있다면 인드라 왕은 안전할 것입니다.

처음에는 노란 베일이었고 그 다음은 하얀 베일이었습니다. 그렇게 노란색, 하얀색, 빨간색, 회색, 파란색, 크리스털 색 베일이 이어지고 일곱 번째에 그것은 실제 베일이 아니었습니다.

그녀는 춤을 추면서 각 베일을 하나씩 떨어뜨렸고 베일을 전부 벗어버린 그녀는 몸만 남았습니다. 요기는 춤이 오랫동안 지속되자 점점 견딜 수 없게 되었습니다.

그는 "그녀가 언제 저 베일을 벗을까요?"라고 물었고

"저 마지막 베일은 벗을 수 없습니다."라는 말을 들었습니다.

요기는 실망에서 벗어났습니다. 몸이라는 베일이 벗겨지지 않아서 그가 '여성'을 볼 수 있었기 때문입니다.

이렇게 베일이 전부 바닥에 떨어지고 남아 있는 여성이 쿤달리니입니다. 그래서 요기는 베일이 없는 여성 즉 쿤달리니의 힘과 함께 머물기 위해 사마디로 되돌아갔습니다.

- 더 이상 베일 같은 장신구가 없을 때,
- 여러분의 의식에 더 이상 조건이 없을 때,

- 여러분의 의식에 더 이상 제한이 없을 때,
- 크기, 이름, 나이, 성별로 구분되는 여러분의 생명력에 더 이상 한계가 없을 때,
- 생명력이 스스로 우주적 자아 안에 머물 때,
- 그것이 쿤달리니이며
- 그때 모든 한계가 떨어져 나갑니다.

지금 여러분이 살고 있는 세상에서 여러분이 동일시하는 사물, 여러분의 것이라 주장하는 환경, 계속해서 모아들이는 자격, 여러분이 이름 붙일 수 있는 것은 전부 제약입니다.

여러분이 소유한 것, 경험한 것, 하고자 갈망하는 것, 수용하고 있는 것이 전부 제약이며 유한성입니다.

무한성을 지닌 성모의 자녀들이 유한성의 조약돌과 무엇을 하며 놀고 있는가?

조약돌은 다채롭습니다. 그러나 여러분이 다이아몬드를 본 적이 없을 때에만 조약돌은 아름답습니다. 여러분의 루비를 밖에 나가 유리구슬 가격에 팔아버리라는 말은 무슨 뜻인가?

위대한 성자는 "아무 수입도 없이 하루에 21,600회의 지출을 한다고 상상해 보세요."라고 말했습니다. 이것이 우리의 상태입니다.

인간은 24시간에 21,600회의 호흡을 한다고 말합니다. 이것이 우리의 소비지출입니다. 수입은 어디에 있습니까? 우리는 그것을 전부 써버려서 시들고 말라 죽은 통나무 같은 몸이 됩니다.

그러므로 요기가 하는 말은, 우리가 지금부터 무언가를 벌어들이고 소비는 적게 해야 하며, 소비는 천천히, 너무 빨리 하지 말아야 한

다는 것입니다.

수입은 프라나 진동에서 옵니다. 이 마음의 베일 그리고 쿤달리니 너머의 프라나의 베일 체계를 이해해야 합니다.

프라나, 마음, 쿤달리니는 세 가지로 구별되지만 서로 조화를 이루는 힘입니다. '힘'(forces)이라는 낱말은 아주 조심스럽게 사용됩니다. 절대적이고 완전무결한 생명력인 쿤달리니가 그것이 지닌 생기와 유사한 기운을 몸에 전달하고 몸을 진동시키는 어떤 것을 불어넣어 몸을 움직이게 할 때 쿤달리니의 생기 한 방울이 우리 몸에도 생기를 부여하는데 이것이 프라나입니다.

절대적이고 순수한 의식인 쿤달리니가 그 의식과 유사한 것을 인성에 전달하면 그때 그 힘의 한 조각을 '마음'이라 부릅니다. 이것이 없는 몸은, 구멍을 몇 개 뚫어 안에 촛불을 태우는 속빈 호박을 머리로 둔 통나무와 같습니다.

프라나는 직접 흐르지 않습니다. 그것은 마음을 통해 흐릅니다. 그러므로 프라나의 베일을 통달하지 않고는 마음으로 들어가지 못합니다. 겹겹이 층을 이룬 마음의 층을 전부 통과하지 않고서는 쿤달리니로 가지 못합니다. 그렇게 긴 여정입니다.

프라나와 마음은 외부의 힘에 의해서도 끌어당겨집니다. 그러나 그것들의 기본 물질이며 그들 존재의 본질적 기반은 절대적인 생명력인 쿤달리니에서 파생됩니다.

여러분의 의지가 정말 강하다면 손가락으로 가볍게 치는 것만으로도 베일을 통과하고 깨뜨릴 수 있습니다. 무한성(infinity)은 천억 년을 세 번 더한 삼천억 년에다가 천억 년을 세 번 곱한 것을 다시 곱한다는(삼천억 년×천억 년) 의미가 아닙니다. 우리는 그렇게 하면 무한에 도달할 것이라고 생각합니다. 그러나 이는 무한에 도달하는 길이 아닙니다. 세상의 개미들이 바삐 움직이는 것처럼 우리가 지구상의 먼지입자를 전부 센다고 해서 이 지구의 본질을 배울 수 있을까요? 지구를 전체로서 이해하기는 어렵습니다. 먼지입자를 세지는 않지만 사람들은 숫자를 전부 세면 무한이 온다고 생각합니다.

무한에 이르는 지름길이 있는데, 그것은 손가락을 까닥하는 것과 같습니다. 매순간에 무한성이 있기 때문입니다. 매순간은 무한에서 일어났다가 다시 무한으로 돌아가 합류합니다. 원자보다 작은 모든 분자입자는 에너지 기층에서 일어나서 에너지 기층으로 되돌아가 다시 합류합니다. 한 순간이 다음 순간으로 이어지는 것이 아닙니다. 한 순간은 무한성에서 일어나 다시 무한성으로 돌아가 합류하고, 그 다음 순간이 자발적으로 일어납니다. 그러므로 무한성으로 통하는 길은 두 개의 미세한 순간 사이에 있습니다. 우리가 순간과 순간 사이에 끼우는 쐐기로 사용할 아주 예리한 면도날을 가지고 있다면, 그 쐐기를 통해 무한성에 뛰어들 수 있고 잠길 수 있을 것입니다. 이렇게 하기 위해서 마음은 어떤 것, 굳이 더 나은 표현을 사용하자면 '두 개의 아주 미세한 순간 사이의 틈'이라 부를 수 있는 그것을 잡을 수 있을 만큼 충분히 순화되어야 합니다. 우리는 실제로 우리의 인식을 점진적으로 순화시킬 수 있으며, 그 인식을 두 개의 미세한 순간 사이의 공간을 절단하는 데 이용할 수 있습니다.

물질에 의지해서는 깊이 들어갈 수 없습니다. 그것들이 너무 두껍고 무디기 때문입니다. 진동처럼 뭔가 예리한 것이 필요합니다. 우리는 자신의 마음을 진동 위에 얹어 두어야 하고 그런 다음에 그 공간으로 들어갈 수 있습니다.

탄트라 문헌에는 '프라나 쿤달리니'(prāṇa kuṇḍalini)라 부르는 용어가 있습니다. 그것은 우리가 프라나를 가지고 있으며, 프라나의 전 영역이 쿤달리니가 따르는 길과 같은 길을 따르기 때문입니다. 그러므로 첫 번째 단계는 프라나 영역을 깨우는 것입니다. 프라나 영역은 세포와 세포 사이의 접착제입니다. 생명이 지닌 신비는 화학적 결합에 있지 않습니다. 자연과학이 관련되는 한 그것은 하나의 기적입니다. 우리는 그것이 어떻게 작동하는지 설명할 수 있지만 자연과학으로 그 작동 이유를 설명할 수 없습니다. 정확히 똑같은 감염환경에 놓인 두 사람 중에서 한 사람은 감염되고 다른 사람은 감염되지 않는 경우가 있습니다. 그것은 그들의 프라나의 상태 때문입니다.

프라나가 지닌 생생함의 강도는 또 다른 힘인 마음의 건강에 의해 결정됩니다. 심리학이 이룩한 발전, 무의식을 논하는 학설, 그리고 그것이 우리 삶에서 나름의 역할을 하고 있음에도 불구하고 우리 인간들은 여전히 무서운 저주로 고통을 받습니다. 그것은 누군가가 우리에게 "당신은 조각상이 될 것이다. 하지만 그대로 살아 있으며 여전히 깨어 있을 것이다."라고 악담을 하는 것과 같습니다. 그렇게 된다는 것이 어떤 것인지 모르지만, 그것이 우리에게 닥친 운명입니다.

그 조각상은 약간은 움직일 수 있는 자유가 있지만 결코 힘을 쓸 수 있는 것은 아닙니다. 조각상이 된다는 저주를 받게 되면서 우리는 보고 만지는 것만 알 수 있습니다. 즉 눈으로 볼 수 있고 귀로 들을 수 있고 손가락으로 만질 수 있는 것만 이해합니다.

결과적으로 우리는 물리적으로 만질 수 있는 인공물과 대상의 유한성(finitude)을 벗어나 자유롭게 되는 경계를 건너갈 수 없습니다.

여기에서 자유는 여러 유한성 가운데 하나를 선택한다는 의미가 아닙니다. 그것은 하나의 유한성에서 또 다른 유한성으로 가는 것이며, 이쪽 감옥에서 저쪽 감옥으로 가는 것에 불과해서 결국 같은 속박이기 때문입니다. 그것은 우리가 유한성이란 감옥 밖으로 발을 내딛지 않고도 감옥 안에서 움직일 자유를 갖고 있는 것처럼 보이지만 그것은 자유가 아닙니다.

자유는 무한을 선택하는 능력입니다. 그 자유를 깨닫게 될 때 우리는 자유로워지고 감옥을 벗어나는 문은 활짝 열립니다.

하지만 우리는 나가는 문이 있다고 알려진 방에 갇힌 눈먼 자와 같습니다. 우리는 벽을 만지면서 발걸음을 옮기기로 합니다. 그런데 어떤 지점에서 우리는 가려움을 느끼고 가려운 데를 긁고 다시 걸었습니다. 이렇게 벽을 만지며 방을 다 돌았지만 나가는 문을 찾지 못했습니다. 우리가 문 가까이 갔을 때마다 가려움증을 느끼고 긁어야 했기 때문입니다.

우리는 자신을 제한하고 유한하게 하는 것에서 벗어날 자유를 갖고 있지만, 우리가 그 문에 가까이 다가갔을 때마다 가려움증을 느끼고 긁느라고 그 문을 지나칩니다. 그러나 그 문은 언제나 활짝 열려 있습니다.

신체의 움직임을 중심으로 요가를 수련한 사람들은 언제나 요가 수련에 아주 이상한 점이 있다는 것을 알게 됩니다. 즉 다른 수련을 하는 사람들은 수련이 끝나면 피곤을 느끼지만, 요가 수련을 하게 되면 그 이전에 힘들었어도 수련 이후에는 그 피곤함이 사라집니다. 그 비밀은 요가가 일련의 신체 훈련이 아니라는 것입니다. 요가 수련은 프라나 훈련입니다. 우리가 피곤하면 프라나가 묶인다고 말할 수 있습니다. 즉 그 영역이 갈라지고 자유롭게 흐르지 않습니다.

요가 수련에서 우리는 자신의 의식을 몸 전체로 그리고 호흡의 흐름으로 가져옵니다. 그 인식이 마음의 상태입니다. 그러므로 프라나의 힘보다 더 섬세한 그 마음은 프라나의 영역에서 만들어진 그 장벽들을 깰 수 있습니다. 섬세한 것은 상대적으로 거친 것보다 더 강력합니다.

생각 없이 수련을 진행하면 프라나를 깨우지 못합니다. 그러므로 프라나를 깨우는 첫 단계는 인식(awareness)과 함께 신체적인 요가 수련을 행하는 것입니다. 인식이 없는 수련은 일반적인 훈련일 뿐 요가가 아닙니다. 그것은 서커스 동작입니다. 다리를 펴고 앉아서 코를 무릎에 댈 수 있는 사람은 많습니다. 곡예사의 숙련된 기술과 요가 자세의 예술에는 차이점이 있습니다. 요가에서는 프라나의 중심을 점진적으로 인식하게 되고 그 다음에 프라나의 힘에 직접 작용하는 기술을 배웁니다.

사람들은 프라나에 관해 배우기를 좋아하고 자신의 프라나가 깨어났을 때 스스로 경험한 것이 무엇인지 먼저 그 상황을 설명하는 것을 중요시합니다. 그러나 설명하고 정의를 내리는 것이 중요한 게 아니라 경험을 했다는 것이 중요합니다.

사람들은 수면의 본질에 관해 수백만 페이지를 쓸 수 있고, 불면에 관해서도 수많은 책을 쓸 수 있을 것입니다. 그러나 잠에 관한 책

한 권은 그 책을 읽을 때 따분해져서 잠에 빠지지 않는 한, 불면증 환자들에게 도움이 되지 않습니다. 여러분이 잠을 잔 경험을 한 번도 잠들지 못한 누군가에게 설명할 수 있겠습니까? 여러분은 모든 몸의 화학작용을 정의할 수 있고, 뇌하수체나 송과선의 어느 호르몬이 수면을 유도하는지 말할 수 있습니다. 여러분은 잠을 잘 때 일어나는 램수면에 대해 말할 수 있고 수치와 그래프를 제공할 수 있으며 그것을 컴퓨터로 나타낼 수도 있습니다. 그러나 여러분이 어떤 사람을 컴퓨터에 연결시킬 수 있다 해도 잠자는 경험을 하게 만들지는 못합니다.

인간의 내면에서 일어나는 일은 오직 경험의 문제입니다. 어떤 사람이 한 번도 고통을 겪어 보지 않았다면, 고통의 과학작용에 대한 모든 설명은 그에게 소용이 없습니다. 왜냐하면 고통은 내적 경험이기 때문입니다. 한 번도 사랑에 빠져 본 적이 없는 사람이라면, 세상의 모든 시를 읽고 문학적 분석과 비평을 완벽하게 하고, 시인이 왜 그 어휘와 운율을 선택했는지를 말할 수는 있습니다. 그러나 그에게 사랑은 알고자 하는 모호한 갈망일 뿐 아무 의미도 없습니다.

인간의 내면에서 일어나는 것은 전부 본질적으로 비언어적 경험입니다. 이 경험은 의식의 형태로, 생명력이라 부르는 영역에서 일어납니다. 과학 관련 지식이 아무리 풍부해져도 경험을 전할 수 없고 누군가의 경험을 그대로 설명할 수도 없습니다. 그것이 바로 스승들이 항상 경험을 강조하는 이유입니다. 우리가 경험을 추구할 때까지 이런 저술 형식은 사트바적인 즐거움입니다. 그래도 사트바적 즐거움은 모든 라자스적 즐거움이나 타마스적 즐거움보다는 낫다고 할 것입니다.

그러나 즐거움 이상을 열망하세요. 영적인 경험을 염원하세요. 우리의 모든 경험은 쿤달리니의 경험입니다. 탄트라에서는 이렇게 말합니다. "이 생명력이 없이는 어떤 경험도 없다." 이 힘은 끊임없이 흐르고 역동적으로 진동합니다. 사과 같은 것을 만지면 어떤 일이 생기나요? 사과는 아무것도 하지 않습니다. 신경학과 뇌화학 전문가는 사과를 만지면 어떤 일이 일어나는지 설명합니다. 그들은 현대 과학이 지금까지 발견한 결과에 따라 신경세포와 시냅스에서 진행되는 모든 화학적 메시지를 설명하고 우리는 그것에 이의를 제기하지 않습니다. 그러나 우리는 직접 경험으로, 사물을 만지는 것으로만 느낌을 알 수 있습니다.

통합된 의식의 힘은 나란히 놓여 대조되는 병치(juxtaposition)가 필요합니다. 여러분이 바로 통합된 힘의 영역입니다. 아이는 남자나 여자로 태어납니다. 신생아는 자신이 여자인지 남자인지 알 수 없습니다. 다른 사람들이 그에게 이름을 붙여 줍니다. "너는 남자다. 너는 여자다. 우리가 너를 사라(Sarah)로 부를게. 우리가 너를 샘(Sam)으로 부를게." 남성은 여성과 나란히 놓여 병치가 될 때 비로소 자신이 남성이라는 것을 압니다. 남성만 있는 행성에서는 아무도 그들이 남성이라는 것을 알지 못할 것입니다. 마찬가지로 여성도 남성을 만나 자신이 여성이라는 것을 알게 됩니다. 여성만 있었다면 자신이 여성인 것을 아무도 모를 것입니다. 이것이 유한성의 본질입니다.

유한성은 상반되는 요소를 의미합니다. 그것은 이원성, 구분되는 병치, 관계를 의미합니다. 대조되는 병치나 관계가 없이 유한성에 갇

히면 살아남을 수 없고 지속할 수 없어서 외롭고 불안해집니다. 무언가가 빠진 듯합니다. 우리는 그것이 많은 재산이나 좋은 옷 또는 콩코드 비행기가 아닐까 하고 생각할 수도 있습니다. 이것은 모두 자신의 자아를 알게 하는 지식을 주장하기 위한, 병치에 대한 생각의 예시들입니다.

통합된 의식, 이 역동적인 힘의 영역은 언제나 활동합니다. 우리의 눈에서도 활발하게 움직입니다. 그 힘은 음악의 병치를 통해 그 힘이 귀로 흘러들어간다는 것을 압니다. 요가 수행자는 병치가 필요하지 않은 사람입니다. 그는 그의 완전성으로 자아 안에서, 자아에 의해, 자아가 되는 자아를 아는 분이며, 한 가지 감각의 경험과 또 다른 감각의 경험에 제한이 없는 분입니다. 요기는 단순히 그 영역을 경험하기 위해서, 즉 손가락에 닿는 감촉을 알기 위해 손으로 사과를 만질 필요가 없습니다. 왜냐하면 그는 있는 그대로 그 영역을 경험하는 분이며 자신이 바로 그 영역이기 때문입니다. 우리는 생명력 즉 의식의 장(field)입니다. 그리고 이 힘의 영역은 쿤달리니의 영역이기도 합니다. 그러므로 우리가 경험한 것이 무엇이든 그것은 쿤달리니의 경험입니다.

유일한 차이는, 요가 수행자는 어떤 것을 병치 방식으로 경험할 때에만 그 경험이 어디에서 온 것인지 자신에게 묻는다는 것입니다. 그 사과가 그것을 만지라고 그를 부르지 않았습니다. 다이아몬드가 저절로 보석상의 진열대를 뛰쳐나와 봐달라고 하지 않았습니다. 분명히 다이아몬드에서 어떤 광채가 발산되어 그의 눈의 각막에 닿았을 것입니다. 요기는 눈에서 그 근원, 바로 그 생명력의 중심을 추적합니다. 마치 태양에서 수백만 마일 밖으로 빛무리(corona)가 퍼지는 것처럼 우리의 모든 에너지, 우리의 모든 느낌, 우리의 모든 지각이 퍼져나가 의식의 빛과 함께 세상에 잠깁니다.

우리가 선택할 수 있다면 우리는 그 생명력의 중심에 있거나 태양의 핵심에 있을 것이고, 아니면 그저 빛이 가늘게 흘러들어가는 지구상의 어느 동굴 구석에 있겠지요? 우리는 자신을 다이아몬드와 동일시하지만 요기들은 태양의 핵심과 자신을 동일시합니다. 그는 그것이 될 것임을 스스로 압니다. 그는 여러분의 열망이 일어나도록 태양의 핵심에 대해 이야기합니다. 그는 이야기로, 노래로, 간단한 예시로, 치유의 손길로, 사랑으로, 미소로, 출판으로, 연구기관 설립 등 여러 다른 방법으로 여러분의 열망을 일으키려고 애씁니다.

『브라흐마수트라』(Brahma-Sūtra)의 주석을 쓴 저명한 성자 샹카라(Śaṅkara)는 "오, 어떻게든 이 존재들을 위하여 세상적인 이 고통을 그치게 해 주소서."라고 말합니다. 이 자비로운 마음으로 동기가 부여된 요가 수행자는 그의 명상의 가르침을 통해서 끊임없이 존재들의 고통을 경감시키고 제거하기 위하여 수행합니다.

힘의 영역은 그 자체의 역동성과 경로를 지닙니다. 자아 인식과 의식으로 우리는 그 경로를 배웁니다. 받아들여야 할 것은 '인식'(awareness)뿐입니다. 어떤 기법도 없습니다. 모든 기법은 한 단어, '인식'으로 요약됩니다.

자신에 대한 인식을 깊어지게 하고 그것을 통합하여 하나의 인식으로 만드세요. 눈, 귀 또는 이 대상이나 저 대상 그리고 이 지각이나 저 감각 등을 통한 각각의 인식이 아니라 통합된 완전한 인식을 만드세요.

사람들은 요가 수련 후에 활기를 띱니다. 몸 전체에 대한 완전한 인식이 있기 때문입니다. 마음과 프라나가 몸을 통해 흐릅니다. 선생들이 가르친 수련과 아직 가르치도록 허용되지 않은 것들도 쿤달리니가 깨어나면 우리에게 자연스럽게 다가올 것입니다. 여러분은 선생에게 "내게 일어난 이것이 올바른 것인가요?"라고 확인만 하면 됩니다. 그리고 아무것도 하지 마세요.

우주 쿤달리니가 있습니다. 우리는 모두 빛의 대양에 있는 소용돌이입니다. 그 소용돌이 안에 더 작은 소용돌이가 있고 그 안에 다시 더 작은 소용돌이가 있습니다. 우리의 본성이 생명력과 의식의 더 큰 소용돌이 속에 있는 에너지 소용돌이라는 것을 알지 못한 채 우리는 바보처럼 생각하고 바보처럼 말합니다. 소용돌이 한가운데에서 소용돌이 사이를 지나가는 에너지들을 우리는 보지 못합니다. 그러나 요기는 가장 큰 에너지 소용돌이와 하나이기 때문에 우주의 프라나에서 에너지를 끌어냅니다.

쿤달리니를 깨우기 위한 유일한 기법은 인식입니다. 계속해서 여러분 자신에 대한 인식이 깊어지도록 하세요. 여러분이 할 수 있는 한 몸 전체에 대한 인식을 하나로 통합하고 그 안에서 어떤 일이 일어나고 있는지 주시하세요. 그리고 제한되고 규격화된 조건들을 제거하세요. '여기서는 이것', '저기서는 저것', '손이나(vs) 발', '생각의 소용돌이에 반대되는 소화의 소용돌이'와 같은 제한된 조건들을 제거하세요. 이 소용돌이들을 '차크라'(cakra)라고 부릅니다. 전 우주는 차크라로 구성됩니다.

무엇에나 집중하고 깊게 들어가세요. 내 안 어느 곳에서 이 집중이 일어나는지, 어떤 힘이 나를 살아 있게 만드는지, 내가 '나'라고 말했는데 그것을 누가 말했는지 자신에게 물어보세요. 바로 그 생각의 근원으로 들어가세요. '나'라는 그 생각이 일어나는 곳을 관찰하면 '나'라는 그 단어는 바로 사라지고 존재에 대한 인식만 남을 것입니다. 그렇다면 존재에 대한 이 인식은 어디에서 나타나 나에게 떠오르는가? 어느 날 여러분이 눈을 뜨고 앉아서 자기 자신을 들여다보면 저절로 눈이 감기고 이 역동적인 영역의 완전성에 대한 인식을 갖게 될 것입니다. 경험을 얻으려고 애쓰지 말고 경험하는 자가 되도록 하세요. 경험을 찾으세요. 누가 다이아몬드를 원했는지 알아내세요. '나'를 정의하세요. 그것이 여러분의 눈이었나요? 눈이 다이아몬드를 보았는데 다이아몬드를 원한 것은 눈이었나요? 누가 다이아몬드를 원했는지 그를 찾으세요. 나는 그가 세상의 모든 다이아몬드의 빛이라는 것을 여러분에게 확신합니다.

6

신들의 꿀-2

    우리는 인간을 서로 닮은 각각의 '에너지 상자' 또는 '분리된 방'이라 표현할 수 있습니다. 우파니샤드에서는 "저 태양은 신의 꿀이다." 그리고 우주는 벌집이라고 말합니다. 우주는 각각 꿀로 가득 찬 수많은 방을 지닌 벌집입니다. 방들은 구분되어 있으나 꿀은 그렇지 않습니다. 꿀은 쏟아져 흘러나옵니다. 방은 여러 개지만 꿀은 하나입니다. 육각형이 겹겹이 쌓인 벌집 같은 전 우주의 그 셀 수 없는 방은 모두 꿀로 가득 차 있으므로 아주 달콤한 우주입니다.

    어디를 여행하든지 나는 그 단맛을 찾아냅니다. 중국의 단맛이나 일본의 단맛이 따로 있는 것이 아니며, 미국인, 힌두인, 무슬림, 유대인의 단맛에 구분은 없습니다. 이 각각의 방은 똑같은 꿀을 가지고 있습니다. 어느 곳에서나 사람들은 다른 이들을 다치게 하려고 하지 않습니다. 나는 누군가의 마음속에서 어떤 고통을 보게 되면 놀랍니다. 그러면서 나는 그 놀라움이 어디에서 일어나는지 궁금해집니다.

우주는 신의 꿀로 가득 차 있습니다. 우주인 이 몸이 벌집입니다. 사람들이 우주를 생각할 때면 곧 이런 생각을 떠올립니다. "나는 여기에 있고 우주는 저 밖에 있다." 우리는 우주와, 우주에 대해 말할 수 있는 모든 것이 우리 안에 포함되어 있다는 것을 깨닫지 못합니다. 그것은 벌집 안에 있는 하나의 육각형 방이 마치 벌집 전체와 아무 상관이 없는 것처럼 "이것은 나고 저것은 벌집이야."라고 말하는 것과 같습니다. 그러나 이 방에 있는 꿀은 나머지 벌집에 있는 꿀과 같습니다.

우리의 몸과 인성도 벌집입니다. 우주는 수많은 방으로 구성됩니다. 그리고 생명력의 꿀은 벌집을 통해 흐르듯 우리들 각각을 통과해 흐릅니다. 우리에게 흐르는 이 꿀은 샤티(śakti)의 정원에 모아져서 사랑의 벌집 전체에 흐를 것입니다.

명상을 할 때마다 우리는 정원을 산책합니다. 우리의 정원은 백합, 연꽃, 차크라의 장미로 이루어집니다. 세상 사람들은 왜 모두 꽃을 사랑할까요? 그것을 사랑하는 무언가가 우리 안에 있기 때문입니다. 우주에서 우리가 사랑하는 모든 것 안에 들어 있는 자신의 이미지를 보기 때문에 그것을 사랑하는 것입니다. 세상의 모든 꽃에서 에너지 영역에 대한 이미지를 집중해 보면 그 에너지는 꽃잎이 열리듯이 밖으로 흐르고 꽃잎이 닫히듯이 안으로 되돌아갑니다.

서양에서 이 꽃은 장미로 불립니다. 이곳보다 추운 유럽 기후에서는 연꽃이 잘 자라지 않기 때문입니다. 그러므로 원래의 상징이 '심장의 장미, 십자가의 장미 그리고 그리스도 상처의 장미'처럼 '장미'로 바뀝니다. 이것은 변형된 문화의 이동이지만 본질은 같습니다.

요기들은 왜 연꽃을 차크라의 상징으로 선택했을까요? 연꽃은 아침 태양이 닿을 때 피고 저녁에 꽃봉오리를 닫는 독특한 꽃이기 때문입니다. 우리의 연꽃이 피도록 건드리는 태양은 어디에 있나요? 누가 우리 내면의 연꽃이 꽃잎을 닫아 빛을 가두고 영원히 향기를 풍기는 우리의 인식을 잃게 할까요? 그 태양은 모든 연꽃의 연꽃, 천 개의 꽃잎을 가진 연꽃과 같습니다. 그것은 또한 천 개의 광채를 지닌 태양으로 불립니다.

요가 전통에서 두 가지 수승한 과학 중 하나는 태양의 과학으로 부릅니다. 태양의 과학으로 입문한 이들은 더 이상 명상을 하지 않습니다. 그들은 이미 깨어 있으므로 깨어날 필요가 없습니다. 그들은 나온 적이 없으므로 명상으로 들어갈 필요가 없습니다. 어떤 사람이 자신의 집에 편안하게 앉아 있는데, 당신이 그에게 "언제 집에 가세요?"라고 묻는다면 그는 "무슨 말이에요? 저 지금 집에 있잖아요!"라고 말할 것입니다. 태양의 과학으로 입문한 이들은 결코 명상으로 '들어가지' 않습니다.

산스크리트어로 된 고대 경구에는 이런 말이 있습니다.

당신이 명상으로 들어가야 한다는 것이 바로 당신의 속박과 무지의 증거다.

이미 고요한 것을 어떻게 고요하게 만드는가? 스스로 빛나는 것을 어떻게 빛나게 하는가? 당신은 재스민 꽃이 향기가 나도록 꽃에 향수를 쏟아 붓는가? 당신은 촛불로 태양을 보겠다고 초를 들어올리는

가? 어떤 눈으로 자기 눈을 볼 수 있겠는가? 언제나 가득 채워진 대양을 다른 대양으로 채우려고 하는가? 꿀로 가득 채워진 벌집을 더 달게 만들기 위해 설탕을 뿌리겠는가? 충만함(fullness)의 철학을 따르세요. 그리고 자신의 충만함을 깨닫게 되면, 여러분은 원하는 것이나 부족한 것이 아무것도 없다는 것을 느끼게 되어 언제나 즐거움이 넘칠 것입니다.

즐겁다는 것은 충만한 기쁨을 의미하지 않습니다. 그것은 완전함에 대한 기쁨이고, 기쁨 그것이 완전함입니다. 무한한 충만함을 아는 이는 무한한 기쁨을 압니다. 이것은 외부에서 만들어진 조건이 아닙니다. 비단이나 종이로 만든 꽃은 그것에 향을 내려면 향수가 필요합니다. 사람들은 마치 자신에게 아무런 자연적인 향기가 없는 것처럼 우리의 연꽃에 향기를 뿌려 주는 것이 명상이라고 생각합니다. 이 꽃의 꿀, 즉 우리 존재의 본질은 몸이라 부르는 벌집의 각 방에서 윙윙거리는 벌들의 소리(nāda, 내면의 소리)로 방해를 받습니다.

여러분은 입에서 짠맛을, 마음에서 쓴맛을 느끼기 때문에 꿀을 갈망합니다. 하지만 벌집은 바로 여기, 여러분의 완전함에 들어 있습니다. 여러분이 어떤 사람의 벌집이 비어 있는 것을 본다면 그때 당신의 꿀로 채워 주세요. 여러분 안에 꿀이 가득 들어 있습니다. 여러분의 잔이 가득 채워져 있는데 다른 사람의 잔이 비어 있는 것을 보면 당신은 왜 마음이 아픈가요? 당신이 온화하고 너그러운 사람이라면 그 잔을 채워 주세요. 당신이 가진 것은 무엇이든 부어 주고 이 인식의 완전함 안에 사세요.

여러분이 벌집에 다가갔을 때 벌집의 어느 부분을 맛보아야 최상의 단맛을 즐길 수 있을까요? 분노, 비탄 그리고 삶에 대한 욕구불만으로 가득한 사람은 벌집으로 인도되어도 그것을 맛볼 수 없습니다. 자신을 유한성과 동일시하는 그들은 자신의 완전함을 즐길 능력이 제한되기 때문입니다.

옛날에 메마른 곳을 지나가는 아주 목이 마른 사람이 있었습니다. 그 여행은 길고 힘든 여정이었습니다. 그는 다른 여행자에게 강으로 가는 길을 물었습니다. 그 여행자는 자신이 그곳으로 가는 중이니 함께 가면 좋은 동료가 될 것이고, 그 강에서 물을 마실 것이라고 말했습니다.
두 사람은 함께 걸었고 그 강에 도달했습니다. 그 안내자는 허리를 굽히고 그의 두 손바닥을 오므려 물을 떠서 마음껏 마셨습니다. 물이 있는 곳으로 안내된 그는 목이 말랐으나 그저 입을 딱 벌리고 그 자리에 서 있었습니다.
안내자가 "이봐요. 왜 그래요? 왜 물을 안 마셔요?" 하고 묻자 그 사람은 "내가 마시기에는 이 강물이 너무 많아요."라고 대답했습니다.

이것이 제한된 역량을 지닌 사람의 상황입니다. 강물을 전부 마시지 않는다고 누가 당신을 붙잡아 가겠습니까? 여러분이 할 수 있는 것을 하세요. 어디서든지 여러분이 원하는 것을 시작하세요. 벌집은 여러분 주변에 그리고 여러분 안에 있습니다. 여러분이 원하는 벌집의 방에서 꿀을 취하세요. 여러분은 다른 방의 꿀과 같은 꿀을 맛볼 것입니다.
여러분이 어디에 있든지 그곳에서 시작하세요. 다른 곳에 갈 필요가 없습니다. 여러분이 집에 있다면 집에 가기 위한 비행기 표를 예약할 필요가 없습니다. 여러분이 다른 나라에 있을 때에만 집으로 가기 위해 큰 배, 작은 배, 자동차, 마차, 비행기 또는 우주선과 같은 운송수단이 필요할 것입니다. 당신이 집에 앉아 있으면 그곳에는 무한이 아닌 곳이 없습니다.

무한의 끝에서 또 다른 끝으로 이동한다고 인식을 스스로 의식할 수 있을까요? 무한함은 내부와 외부 어느 곳에나 있기 때문에 명상 중이거나 명상에서 빠져나올 때, 눈을 뜨고 눈을 감는 것은 아무 상관이 없습니다.

내부와 외부의 임의적인 가치와 임의적 영역은 가장 깊은 대양의 한가운데에 상상의 문이 놓인 것과 같습니다. 여러분은 '저쪽'이라는 표시가 있는 대양의 문을 통해 지나갈 수도 있지만 이쪽으로 난 문으로 가서 그 문을 통과할지라도 당신은 여전히 똑같은 대양 안에 있습니다. 대양에는 '입구'와 '출구'가 없으며 명상과도 상관이 없습니다. 이 '들어가기'와 '나가기'를 멈추세요. 당신이 이미 깨어 있다면 깨어날 필요가 없습니다. 그러나 잠들어 있다면 그건 또 다른 문제입니다. 아쉽게도 우리는 모두 잠들어 있고 명상으로 깨어나야 합니다.

스승들은 그들의 집이 무한에서 무한으로 늘어나기 때문에 이리저리 돌아다닙니다. 그들은 그들의 무한의 집 안에 있는 방에서 방으로 돌아다닙니다. 그들의 집은 우리의 집보다 더 넓어지고 수많은 대륙을 포함하는 일이 저절로 일어납니다. 그래서 스승들은 여러분이 하는 것처럼 빗자루나 진공청소기로 자신들의 집을 청소하면서 돌아다닙니다. 때때로 그들은 집안을 더럽히는 아이들에게 "나는 시시때

때로 너를 따라다니며 청소를 해야 하는구나."라며 투덜거립니다. 그러나 그들이 결국 세상을 청소합니다. 가끔 그 아이들 중에는 자라서 제자가 되어 돕기 시작합니다.

위대한 지배자이며, 84인의 초능력자들 중 하나인 남인도 왕에 대한 티베트의 이야기가 있습니다. 그의 궁정에 위대한 영적 스승 한 분이 오셨습니다.

유랑 중인 스승이 왕의 궁정에 오자 왕이 말했습니다. "위대한 스승이시여, 당신은 힘들게 사시는군요."
그러자 스승은 "내가 힘들게 산다니 무슨 뜻인가요?"라고 물었습니다.
"당신은 이곳저곳 유랑하시고 집이나 안정된 거처도 없지 않습니까?" 하자 스승은 "힘들게 사는 것은 바로 왕이십니다. 당신은 한 곳에 정착해 있으니 자유가 없습니다. 나는 완전한 자유를 갖고 있으므로 내가 가고 싶은 곳을 돌아다닐 수 있지만, 당신은 왕좌에 있어야 합니다."라고 대답했습니다.
왕은 "그렇게 이해하시니 왕국과 국토, 신하 그리고 해야 할 역할에 묶인 왕인 내가 어떻게 의무를 다할 수 있는지 그리고 또 당신이 지닌 그 자유를 내가 어떻게 즐길 수 있는지 그 비밀을 나에게 가르쳐 주시겠습니까?"라고 물었습니다.
스승은 "그렇게 하겠습니다. 당신은 아무데도 갈 필요가 없습니다. 당신이 있는 곳에 그냥 있으면서 왕좌에 앉아 의무를 행하고 백성을 돌보며 무엇이든지 즐기세요. 한 가지 작은 기법을 가르쳐 드리겠습니다. 하지만 당신에게 겉으로는 어떤 변화도 없을 것입니다." 하며 왕에게 시각적인 만트라와 유사한 만달라(명상 도형)를 가르쳤습니다. 그리고 그 도형을 그의 엄지손가락 끝에 마음으로 그리라고 말했습니다. (어떤 판본에서는 오른손에 낀 반지에서 그 도형을 심상화하라고 말합니다.) 이것이 그가 왕에게 가르친 전부입니다.

이제, 그 엄지손가락 자체가 매우 중요한 재산입니다. 의식의 중심을 나타내는 몸의 모든 우묵한 곳은 겉에서 엄지로 측정할 수 있기 때문에 우파니샤드에서 영적인 자아는 '엄지손가락 크기'로 불립니다. 여러분은 엄지를 눈썹과 눈썹 사이 한가운데, 목의 오목한 곳, 심장 중심 그리고 배꼽에 댈 수 있습니다. 엄지손가락 끝은 그 모든 지점에 꼭 맞습니다.

스승은 "이것이 당신의 영적 수련입니다. 당신이 어디에 있든 왕좌에 있을 때나, 나라 일을 집행할 때, 신하와 궁녀들과 함께 있을 때에도 오른쪽 엄지손가락 끝에 이 만달라를 마음으로 그리세요. 그러나 그 행위는 조심스럽게 비밀로 지켜져야 합니다. 다른 사람에게 드러난 개인수련은 그 잠재력의 반을 잃어버립니다."라고 왕에게 말했습니다.

영적인 경험을 다른 사람들에게 이야기하면 그 힘을 잃습니다. 사람들이 당신이 명상한다는 것을 알면 명상에 집중한 효과의 절반은 사라집니다. 진정한 명상은 비밀스레 지켜져야 합니다. 누구도 알지 않게 하고 여러분의 가슴과 심장 가까이에 그것을 보물처럼 간직하세요.

여러분이 다른 사람들을 가르치고 싶다면 아무것도 가르치지 마세요. 꿀은 흘러넘칠 것이고, 누구와도 꿀의 품질에 관해 논쟁할 필요가 없습니다. 여러분에게 꿀이 있고 여러분의 벌집이 가득 차 있다면 그것이 흘러넘쳐 여러분 주위의 다른 사람들을 달콤하게 만들 것입니다. 그러니 당신은 어떤 말도 하지 마세요. 이 성공적이고, 완전하고, 행복하고, 기쁨이 넘치는 명상의 비밀을 이해하고, 가르침의 삶과 일상적인 삶을 완성하세요.

명상의 비밀은 '비밀스런 명상'입니다. 성공적인 명상의 비밀은 비밀스런 명상입니다. 그런 명상을 하기 위해 어떤 인정이나 명예나 존경을 추구하지 말고 오히려 모욕당하고자 하면 명상을 훌륭하게 해낼 수 있을 것입니다. 고대 마누법전(Lawbook of Manu)에서는 이런 말이 전해집니다.

신의 아이는 존경과 경배를 받을 때, 독이 든 잔을 받는 것처럼 꺼려야 한다.
신의 아이는 가득 채운 불사의 음료 한 잔을 받은 것처럼 불명예를 추구해야 한다.

그래서 왕은 자기 수련을 비밀스럽게 지키고 그 비밀을 보호하기 위한 조언을 받았습니다.

스승의 조언대로 왕은 할 수 있는 한 온갖 사치품으로 자신을 치장했습니다. 심지어 그의 침실 베개까지 이전보다 더 부드러운 것으로 바꾸었습니다. 그가 머무는 곳에서는 더 많은 노래와 춤, 술잔치가 계속되었습니다. 아름다운 궁녀들과 엄청난 보물, 실크와 벨벳 옷감이 넘쳐났습니다. 이제 국민의 눈에 그는 바람둥이 왕이었고 '쾌락을 일삼는 요기 릴라파다'

(Lilapada)[1]가 그의 이름이 되었습니다.

그는 계속 군대를 유지하고 법을 집행하면서 술잔치, 노래, 춤, 아름다운 궁녀들에 둘러싸여 있었지만 그의 마음은 만달라를 그리는 오른손 엄지 손가락 끝을 떠나지 않았습니다.

그의 전 생애 동안 어느 누구도 그가 명상 중에 있다는 것을 눈치 채지 못했습니다. 그를 스승으로 알아본 것은 그가 죽을 때의 품위[2]로 드러났고, 그는 '존경스러운 배우 릴라파다'로 불렸습니다.

사람들은 선생에게 그들의 의식의 중심이란 무엇인지, 어떤 차크라에 명상을 해야 하는지 묻습니다. 그들은 누군가 열쇠를 가지고 와서 순식간에 차크라를 열어 줄 것이라 생각합니다. 그러나 벌집에는 어디에나 꿀이 있습니다. 모든 경험은 쿤달리니에 대한 경험입니다. 문제는 여러분이 경험의 대상을 찾고 그 경험의 한계에 갇혀 그 경험자의 내면을 보지 않는다는 것입니다.

경험의 대상은 여러분이 여러분 자신일 것으로 알고 있는 것과 대치되는 배경에 나란히 놓인 병치에 있습니다. 여러분이 우주의 대상과 감각적 경험을 병치로 다룰 수 있다면, 그것은 내면의 삶을 위한 기폭제가 됩니다. 그때 꿀은 안쪽으로 흐르고 더 가득히 채워집니다.

---

1 산스크리트어 'pada'는 '발' 또는 '두 발'을 의미한다. 그것은 존경의 표현으로 이름이나 별명에 덧붙여질 수 있다. 티베트 전통에서 존경을 받는 초능력자 84인의 이름은 모두 'pada' 또는 줄임말 'pa'로 끝난다.

2 그의 죽음에 관해서는 스와미 라마의 「Sacred Journey」 그리고 스와미 베다의 「Meditation and the Art of Dying」을 읽을 것. 둘 다 Ahymsinpublishers@gmail.com에서 구할 수 있다.

여러분은 이런 경험을 하게 됩니다. 예를 들어 당신의 손가락으로 손등을 만지는 경험입니다. 감각의 흐름을 되돌려 감각의 경험이 시작되는 곳을 지켜봅니다. 당신의 내면에서부터 촉감을 느끼는 손가락 끝의 표면까지 무엇이 흐르는가? 그 흐름의 원천에 이르는 길을 추적하세요. 그때 당신은 쿤달리니에 있습니다. 살갗의 어떤 지점이 그 힘을 지니고 있나요? 당신은 벌집의 그 지점과 같은 지점의 꿀을 전부 마시기 위해 그곳을 만집니다. 벌집의 어떤 방 즉 여러분 인성의 어떤 방이 신들의 꿀(deva madhu)입니다. 이것은 아주 단순한 기술입니다.

이것을 또 다른 방법으로 알아봅시다. 여러분이 있는 곳에서 뉴욕으로 여행을 했다고 상상하세요. 당신은 지도를 갖고 있습니다. 뉴욕에 도착하여 여러분이 있던 곳으로 되돌아가고 싶을 때 당신은 어떤 길로 가야 하나요? 당신이 뉴욕에 올 때 택한 길이 곧 되돌아갈 길입니다. 올 때와 갈 때 그 길은 같습니다.

여러분의 의식, 에너지, 프라나, 마음이 지나온 그 길, 경로, 에너지 통로는 마음이 담긴 통로(mano-vaha nāḍīs)로 불립니다. 이것은 당신 내면의 중심에서 몸의 표면으로 나올 때 당신이 택한 길과 같은 통로입니다. 당신은 이미 그 길의 지도를 갖고 있습니다. 그렇지 않다면 어떻게 당신의 의식이 자리한 곳에서 눈의 표면으로 나올 수 있을까요? 그러므로 당신은 자신이 따라온 지도를 가지고 있습니다.

여러분은 의식의 가장 깊은 자리에서 냄새를 맡는 콧구멍의 그 지점에 도달하도록 어떻게 했나요? 의식의 자리에서 혀의 미각기관(taste buds)을 깨우도록 여러분은 어떻게 했나요? 의식의 자리로부터 고동 모양의 달팽이관에 어떻게 도달해서 들을 수 있게 되었나요? 의식의 자리, 당신의 왕좌가 있는 방에서 당신이 피부라 부르는 궁전의 외벽에 이르기 위해 당신은 어떤 길을 따라왔나요? 되돌아갈 때도 그 길로 가세요.

여러분은 자기 왕궁 밖에 서서 신하와 백성과 행인들에게 "실례지만, 내 왕좌가 있는 방으로 어떻게 가는지 알려 주세요."라고 묻는 우스꽝스럽고 멍청한 왕과 같습니다. 사람들은 "왕이시여, 당신이 나온 그 길로 되돌아가세요."라고 말하겠지요. 그것은 어린아이도 아는 길, 의식의 자리로 가는 길이지만 흔히 어른들은 알지 못한다는 것이 문제입니다.

갓난아이가 세상을 향해 맨 처음 눈을 뜨면 이 내면의 존재는 어떤 과정으로 그 눈이 보기 위한 것임을 알게 되는가? 빛이 망막에 퍼지고 아이는 우리를 기억합니다. 갓난아이는 말을 하기 위해 사용되는 신경조직이 무엇인지 어떻게 아는가? 아이는 누군가 말하는 것을 본 적이 없습니다. 그는 사람들의 소리를 들었지만 실제로 말이 소리가 되는 과정을 본 적이 없습니다. 그런데도 아이는 그 경로를 다시 배웁니다. 당신이 어떤 도시를 탐험하는 것처럼, 아이들은 그의 몸을 탐험하고 적합한 마음이 담긴 통로를 따라 어떤 단어처럼 그의 혀로 가져올 마음속에 있는 생각으로 그 경로를 배웁니다.

여러분이 침묵으로 다시 들어가는 방법을 발견하고자 한다면 되돌아가는 같은 길을 따라가세요. 여러분이 어린아이일 때 발견한, 말하기 위해 사용한 그 길을 따라가세요. 여러분이 어린아이일 때도 찾아낼 수 있었는데 이제 어른이 되어서 되돌아갈 그 길을 알지 못한다고 생각하시나요? 눈과 귀와 모든 감각에서 도시의 중심으로 가는 길, 요새의 문을 모두 통과해서 의식의 도시 중심으로 가는 길이 있습니다. 또한 모든 활동적인 감각이 지나가는 길도 있습니다. 주고 받는 능력을 지닌 손, 배설기관, 생식과 기쁨을 주는 기관, 배꼽, 심장, 목을 지나는 길, 미간을 지나는 길이 그것입니다. 이런 것이 전부 차크라이며 소용돌이입니다. 이 소용돌이의 중심으로 깊이 들어가세요.

탄트라 문헌에는 손가락 끝, 발가락 끝, 발목, 무릎, 입, 골반 기관에 있는 지점과 쿤달리니의 자리인 회음 부위의 둥그스름한 부분(kanda) 등 다수의 집중점이 나와 있습니다. 이 감각들의 일부가 외부로 분산되면 그것들은 '성적 행위' 등의 즐거움이 됩니다. 그러나 이 감각들이 내부와 위로 잡아당겨져 그 근원에 닿으면 쿤달리니를 일깨우게 됩니다.

마찬가지로 에너지가 집중되는 다른 지점들이 있습니다. 그것은 배꼽 중심, 위, 심장 중심, 심장 중심과 목 사이의 쿠르마 나디(kūrma nāḍī), 목 중심, 입천장, 미간 중심, 이마 중심 그리고 머리꼭대기입니다.

탄트라에는 '12의 끝'을 의미하는 또 다른 용어가 있습니다. 그것은 스스로 확인해 보면, 대략 손가락 12개의 폭에 해당하는 길이임을 알게 됩니다.

- 생식기 중심에서 배꼽 중심까지,
- 배꼽 중심에서 심장 중심까지,
- 심장 중심에서 목 중심까지,
- 목 중심에서 윗입술이 닿는 코의 한가운데 공간까지로, 그것

은 아즈나센터[3]의 연속입니다. 그리고 마지막으로,

- 미간의 아즈나센터에서 머리꼭대기까지 손가락 12개의 폭입니다.

머리 위 손가락 12개 폭의 중심점도 있습니다. 당신을 심장 중심으로 되돌리는 콧구멍 앞에서부터 손가락 12개 폭의 중심점도 있습니다. 탄트라에서 이 손가락 12개의 폭은 '드바다샨타'(dvādaśānta)로 부릅니다.

실제로, 어떤 사람들에게 일부 통로는 다른 것보다 더 열려 있습니다. 여러분이 자신의 호흡과정을 살펴보면 쉽게 확인할 수 있습니다. 그것이 우리가 호흡에 대한 인식을 가르치는 이유입니다. 여러분의 호흡인식 과정은 되는대로 떠오르는 정서와 감정과 기분을 바꾸어 놓습니다. 만트라에 대한 여러분의 인식은 꽃에서 꿀을 모으며 윙윙거리는 내면의 벌이며, 되는대로 올라오는 생각을 바꾸어 놓습니다.

우리 안에는 꿀벌이 있고 말벌도 있습니다. 말벌은 윙윙거리지만 꿀을 만들지는 않습니다. 머리에서 온갖 종류의 녹음이 계속됩니다. 이 말벌을 제거하고 꿀벌을 따르세요. 그들이 당신을 위해 꿀을 가져올 것입니다. 여러분의 삶이 그렇게 꿀로 채워질 수 있습니다. 신의 꿀인 그 태양의 충만함이 얼마나 완전한지 깨달을 때 여러분의 삶은 꿀로 가득 채워져서 세상의 덧없고 하찮은 즐거움은 그 가치를 잃어버립니다.

이러한 생각들에 대해 묵상하세요. 끊임없이 그의 정신적인 만달

---

[3] 역주: 아즈나센터: 양 눈썹 사이의 중심.

라를 오른손 엄지손가락 끝에 그렸고 결국 현자가 된 바람둥이 왕처럼, 이 충만함과 완전함이 어디에나 있다는 것을 계속해서 떠올리세요. 여러분이 신들의 꿀이라는 것을 기억하면서 시작한다면 할 수 있습니다.

7

영원한 백조

(Eternal Swan)

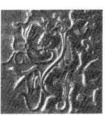

베다에서 백조라는 낱말은 '함사'(haṁsa)를 의미합니다. 이 백조는 내적 상상의 하늘에 살며 지혜의 성모인 사라스와티가 타고 다닙니다. 사라스와티는 이 몸이라는 집에 거주하는 손님이지만 영원한 법과 진리에서 태어납니다.

시타르(sitār)나 비나(viṇā) 같은 인도의 현악기는 흔히 백조와 같은 모양입니다. 그 악기의 줄은 모든 음악과 현상이 일어나는 섬세한 몸에 내재하는 쿤달리니의 선을 나타냅니다. 지혜와 음악의 여신인 사라스와티는 베다의 만트라를 노래하는 여러 개의 현이 있는 비나를 가지고 다니는 것으로 묘사됩니다.

영원한 진리인 쿤달리니의 강은 높은 산의 정상에서 발원합니다. 신성한 영감의 언어로 태어난 쿤달리니는 우리 내면의 가장 신성한 장소에 거주하기 위해 하강합니다. 쿤달리니의 고대어는 사라스와티입니다. 사라스와티(sarasvati)에서 '사라스(saras)'는 연못을 의미하지만 강을 뜻기도 합니다. 쿤달리니는 일곱 개의 큰 웅덩이를 만들기 위해 사라스와티의 원천에서 흘러나옵니다. 일곱 차크라 주위에 섬세한 몸이 만들어집니다. 들어오고 나가는 호흡은 바로 사라스와티가 타고 날아가는 영원한 백조의 양날개입니다.

쿤달리니에는 모든 신성한 빛과 소리가 들어 있고 물질적 우주 전체가 태어납니다. 인간존재에서 인성을 만들어 내기 위한 두 개의 힘이 쿤달리니에서 일어납니다. 그 힘은 마음(manas)과 생기(prāṇa)입니다. 이 둘은 신체에서 나타나지만 그 물질적인 측면은 의식의 빛과, 쿤달리니에서 흘러나오는 활력이 주입되어 생명력을 얻습니다. 우리는 척추의 위아래로 끊임없이 움직이는 초의식적 에너지의 진동인 그 힘이 주입되었을 때에만 비로소 움직일 수 있습니다.

여러분은 쿤달리니와 떨어져 있는 것이 아닙니다. 여러분이 쿤달리니를 가지고 있는 것도 아닙니다. 여러분이 바로 쿤달리니입니다. 생명체에서 맥박은 인식의 중심에서 나옵니다. 이 맥박은 우리 존재의 두 가지 주요한 측면인 인식(awareness)과 살아 있음(aliveness)이 됩니다.

전기장치가 작동하기 위해서는 부품과 접속이 필요합니다. 전기는 접속이 있어야만 환풍기의 날개를 움직이게 할 수 있습니다. 환풍기가 벽의 콘센트에 연결되면 전선을 통해 전기가 흐르고 자석 코일에 파동을 가져옵니다. 그 코일이 에너지를 변환시키고 다른 종류의 진동을 만들어 냄으로써 환풍기의 날개가 돌아가는 움직임을 만들어 낼 수 있습니다.

마찬가지로, 내 손의 움직임 이면에는 쿤달리니의 힘이 있습니다. 그 힘이 없다면 죽은 사람의 손일 것입니다. 척추를 오르내리며 흐르는 초의식적인 힘의 주입은 직접적인 것이 아닙니다. 그것은 필요한 에너지 형태로 변형되는 특정한 정류장을 먼저 통과해야 합니다. 환풍기는 전기로 작동되지만 전기가 온열기나 TV 또는 음향기기가 될 수 없습니다. 전기가 그런 전기제품의 기능에 맞게 사용되려면 각각 다른 매개장치가 필요합니다. 쿤달리니 또한 누군가의 인성을 작동시키는 데 필요한 특정 종류의 에너지로 그 힘을 변환시키기 위해서는 매개장치가 필요합니다. 이 빛의 강물이 흐르는 통로에 놓인 매개장치 즉 발전소가 일곱 개의 차크라입니다.

쿤달리니는 멀리 떨어져 있지 않습니다. 그것은 여러분이란 존재를 이루는 통합체입니다. 우리 몸의 대칭이 그 증거입니다. 우리 몸이 아주 가는 선(hairline)으로 나누어진 것을 관찰해 본 적이 있나요? 우리 몸의 앞뒤에 지나가는 이 미세한 선을 본 적이 있나요? 이 선이 섬세한 우리 몸에 머물고 있는 쿤달리니의 경계선입니다.

우리는 다른 지점에서 그 미세한 선이 작은 소용돌이 모양을 하고 있는 것을 관찰할 수도 있습니다. 이것이 차크라의 증거입니다. 우리 몸에 있는 모든 것은 마치 쇳가루가 자기장의 움직임을 가리키는 것처럼 쿤달리니와 관련되어 나타납니다.

우리의 몸은 우연히 만들어지지 않았습니다. 세 가지 생각이 수태(conception)하는 순간에 결합합니다. 그리고 그들의 힘이 생명, 빛, 의식, 인식, 광휘를 그 결합한 지점으로 끌어당깁니다. 어머니의 생각, 아버지의 생각 그리고 아이의 생각이 결합된 힘은 작은 불꽃을 타오르게 합니다. 어머니의 자궁벽에 붙은 그 생명을 지닌 아주 작은 알갱이는 이미 에너지의 장이며 쿤달리니의 불꽃을 지닙니다. 그 에너지장의 선을 따라 몸이 자랍니다. 우리의 몸은 이 쿤달리니 영역의 선을 따라 만들어진 것입니다.

마니푸라 차크라(maṇipūra cakra)에서 7만 2천여 개의 에너지 통로(nāḍī)는 사방으로 퍼져나가 섬세한 몸을 교차하는 흐름을 만들어 냅니다. 이 빛의 강은, 각각 몸의 왼쪽과 오른쪽을 흐르는 두 개의 주요 에너지 통로인 이다(iḍā)와 핑갈라(piṅgalā)를 조성하는데, 대략 척추기저부에서 콧속에 해당하는 영역을 흐르는 것으로 생각됩니다.

쿤달리니의 힘은 존재의 상태로 되자마자 양극화합니다. 이것은 우리가 통합에 대해 무지하기 때문에 일어나는 현상입니다. 쿤달리니의 본성은 하나의 빛입니다. 쿤달리니는 중심 나디인 수슘나로 흘러들어갈 수 있는, 자유롭게 흐르는 빛입니다. 수슘나는 척추기저부에서 시작되어 두개골에서 끝나는 것으로 생각됩니다.

왼쪽 흐름과 오른쪽 흐름인 이다와 핑갈라는 중심 기둥에 감긴 두 마리 뱀으로 그려집니다. 이것이 헤르메스의 지팡이(caduceus)[1] 입니다. 이 세 개의 통로는 자연스럽게 상호작용을 하게 되는데, 그 교류작용 가까이에 회오리와 소용돌이가 만들어집니다. 이것이 차크라입니다. 쿤달리니는 다양한 차크라에서 그 본성이 달라지지만 근본적인 힘은 변하지 않습니다.

어머니와 태아는 물질적 신비체로 배꼽 중심에 연결됩니다. 태아는 어머니에게서 물질적 자양분과 프라나를 끌어옵니다. 심지어 어

---

[1] 역주: 그리스·로마신화에서 신들의 사자(使者)인 Mercury(Hermes)의 지팡이로, 두 마리 뱀이 감긴 지팡이 꼭대기에 두 날개가 달려 있다.

머니의 마음에 있는 생각까지 가져옵니다. 태어나기 전에 아이는 어머니로부터 미세한 내용을 받아들여서, 두 사람의 마음은 연결되어 있습니다. 아이가 태어나면 어머니와 아이 사이에는 텔레파시에 의한 연결이 계속 유지됩니다.

모든 인간은 텔레파시를 갖고 태어나지만 그것을 잊고 삽니다. 우리는 자신을 이 흙으로 된 그릇에 묻어 버립니다. 이런 말이 있습니다.

이 몸이 나인데 내게는 아무것도 없네. 내 안에 영혼이란 것은 없네. 나는 그저 몸일 뿐이네. 나는 우연히 이 생명력을 가졌네. 나는 우연히 부모를 받아들였네. 나는 태어나게 해달라고 청하지 않았네!

우리가 상상할 수 있는 것보다 더 작고 섬세한 힘들이 우리 인성에서 작용하고 있습니다. 요기는 이들 힘과 조화를 이룹니다. 그리고 이 힘에 대한 인식으로 들어갑니다. 요기는 자신의 에너지를 제자의 에너지와 연결하는 방법을 알고 있으므로 제자의 명상을 돕고 제자의 쿤달리니를 더 높은 의식 수준으로 끌어올립니다. 이것이 스승들의 기술입니다.

쿤달리니가 인간에게만 있는 것인지 궁금해하는 사람들이 있습니다. 사실 쿤달리니는 모든 창조물에 있는 생명력입니다. 그러나 카르마의 여러 제한이 쿤달리니에 포개지는데, 그것 때문에 인간보다 낮은 종족에게서 정신력과 프라나가 완전하게 발전하지 않으며, 사람에 따라 쿤달리니가 일깨워지는 정도가 다른 것입니다.

차크라가 척추의 뒤에 있는지 몸의 앞쪽에 있는지 묻는 사람들도 있습니다. 그에 대한 답변은 앞도 뒤도 아니라는 것입니다. 차크라는 물질적인 몸에 있지 않습니다. 내가 자석을 손에 들고 있을 때 자력은 자석의 위에 있을까요 아래에 있을까요? 앞에 있을까요 뒤에 있을까요? 자력은 앞 뒤, 위 아래에 다 있습니다. 그것은 영역입니다. 자기장에는 앞뒤가 없습니다. 마찬가지로 차크라에도 앞이나 뒤가 없습니다.

쿤달리니가 각각의 힘의 영역을 통과하면서 다른 작용을 행하기 때문에 차크라는 간혹 심리생리적 정류장으로 언급됩니다. 그러나 완전히 깨달은 사람에게 일곱 차크라의 개념은 실제 가치를 지니지 않습니다. 깨달은 사람은 머리꼭대기 근처에 단 하나의 사하스라라(sahasrāra) 차크라만 있기 때문입니다. 그런 축복을 받은 이는 의식의 원천으로 완전히 들어갑니다. 그리고 원하는 때 언제라도 초의식 상태로 들어갈 수 있습니다. 그런 높은 상태에서는 다양한 심리학 개념이나 의식 수준은 모두 의미가 없게 됩니다. 그런 사람은 오히려 자연스럽게 그의 생명력을 능숙하게 사용합니다. 때가 되어 자신의 의무를 다한 후에는 사라스와티의 백조를 타고 아름다움과 지복의 영역을 향해 날아갑니다.

8

태양의 백조로 입문

　다른 많은 문명이 그러하듯, 아득한 옛날부터 인도인들의 마음은 수리야(Sūrya, 태양)와의 관계를 굳건하고 친밀하게 유지했습니다. 여기에서 우리는 의도적으로 '수리야'라는 낱말을 '태양'으로 번역하지 않습니다. 그 이유는 사람들이 일반적으로 갖는 제한 때문인데, 사람들은 보통 어떤 낱말을 들으면 특정 형태를 연상하고, 그것 이상의 더 포괄적인 의미는 생각하지 않으려는 경향이 있습니다. 수리야라는 낱말이 태양으로 번역되면 이 낱말의 심오한 영적 의미는 전부 애매모호해질 것입니다. '수리야'가 내포한 의미는 영적 추구가 완성에 이르렀을 때 비로소 분명해집니다.

　수리야라는 낱말은 『리그베다』(Ṛgveda)에서 421회 나타납니다. 수리야를 뜻하는 수많은 다른 이름 중에서 '사비트리'(savitṛ, 탄생을 부여하는 자)라는 낱말은 174회 나타납니다. 리그베다에서 15퍼센트를 웃도는 다른 낱말들이 수리야에 헌정됩니다. 거기에 영적 일출을 상징하는

'우샤'(Uṣas)에 대한 찬가는 포함되지 않습니다. 가장 유명한 수리야 찬가는 널리 알려진 '가야트리'(Gāyatrī)입니다. 수리야는 이런 뜻입니다.

프라나의 인도자이며 보호자,
그녀에게 찬가가 바쳐질 때 보호하는 자.

수리야는 사비트리(Savitṛ)의 신 사아비트리이(Sāvitrī)로도 알려져 있습니다. 그것은 성자 비쉬와미트라(Viśvāmitra)에게 계시되었으며 주요 베다의 상히타(Saṃhita)[1]에서 8회 나타납니다. 태양 광선처럼 가야트리에서는 여러 단어가 탄생되어 나옵니다. 예를 들면, 『마하나라야나 우파니샤드』(Mahā-Nārāyaṇa Upaniṣad)에서 우리는 루드라(Rudra)와 마하락쉬미(Mahā-Lakṣmī)와 같은 여러 영적 힘에 헌정된 가야트리의 19번째 버전을 읽습니다. 일반적으로 다양한 이쉬타 데바타(iṣṭa devatās)[2]에 관한 24개의 기본적인 가야트리들이 암송되지만 더 많은 가야트리가 있습니다. 매일 하는 기도 의식(nitya-karma)에는 수리야에게 향기로운 물을 바치는 의식이 포함되어야 합니다. 매일 아침, 점심, 저녁에 하는 명상 기도(sandhyā)는 당연히 가야트리 암송을 중심으로 이루어집니다.

수많은 문헌이 수리야를 극찬하고 그의 신비를 설명합니다. 예를

---

1   이 상히타 문헌들은 수천 년 동안 기억술로 암송되어 변함없이 전해진다.
2   이쉬타 데바타는 신들의 이름과 형태가 어떤 것이든 자신의 믿음이나 선택에 따라 선호하는 신을 말한다. 더 많은 설명에 대해서는 ahymsinpublishers@gmail.com에서 구할 수 있는 스와미 웨다 바라티의 『God』을 참조할 것.

들면, 『수리야 푸라나』(Sūrya-Purāṇa), 『수리야 기타』(Sūrya-gītā), 그리고 『함사』(Haṁsa), 『아루니카』(Āruṇika), 『마하나라야나』, 『만달라브라흐마나』(Maṇḍala-brāhmaṇa)와 같은 우파니샤드입니다. 베다 찬가와 함께 이 문헌을 읽으면 수리야의 의미를 알게 됩니다. 그리고 우리가 숭배하는 분을 이해해야만 숭배의 형식이 갖는 의미를 이해할 수 있습니다.

수리야는 비쉬누(Viṣṇu) 또는 나라야나(Nārāyaṇa)와도 밀접하게 연관됩니다. 나라야나는 소멸의 대양에 잠긴 뱀 위에 누워 우주적 묵상을 하는 유지자입니다. 우리는 여러 가지 의식의 기도를 수행하면서 이렇게 암송합니다.

dhyaneyaḥ sadā savitṛ-maṇḍala-madhya-vartī nārāyaṇaḥ
둥근 태양의 중심에 거주하는 나라야나께 언제나 명상을 드립니다.

비쉬누에 관한 천 개의 이름은 수리야와 비쉬누를 하나로 시각화하여 암송되기도 합니다. 전 우주를 세 걸음으로 이동해서 나타나는 비쉬누의 출현(Ṛg.I.22.20)은 스승(ācārya)들이 설명해 왔는데, 세 걸음으로 어둠을 제거하는 수리야의 힘의 실행과 관련해서 설명하고, 차크라에서 제자의 의식이 상승할 때 땅-하늘-천국의 중심에서 제자가 받아들이는 빛을 알려 줍니다. 수리야는 흔히 프라나와 동일시되며 태양의 통로이자 쿤달리니의 중심 흐름인 수슘나(suṣumnā), 즉 수리야 나디(sūrya-nāḍī)에 있습니다. 프라나와 유사한 뜻을 갖는 수리야는 모든 질병의 치유자입니다. 점성술에서 신들을 향한 예배(nava-graha-pūjā)에서 제일 먼저 바치는 경배는 수리야에게 "아 크리스네나 라자사아

…."(ā kṛṣṇena rajasā: RV I.35.2)라고 하는 만트라입니다.

성자 샤우나카(Śaunaka)의 『리그위드하아나』(Ṛg-vidhāna I.93) 문헌에서는 이 만트라와 함께 수리야를 명상하는 사람은 질병 없이 오래 살 것이라고 설명합니다. 이것은 아유르베다에서 확실하게 적용할 뿐 아니라 수리야 나마스카라와 같은 요가 수련에서도 중요한 차원을 열어 줍니다. 수리야 나마스카라는 명확한 호흡리듬과 함께 태양의 열두 개 현현에 경의를 표하며 실행합니다. 호흡리듬과 함께 수리야 나마스카라와 이 만트라를 매일 열두 번 행하는 사람은 100년을 산다고 알려져 있습니다.[3]

영적 관계에서 수리야와 친밀한 또 다른 양상이 인도나 일본 왕조에서처럼 태양 왕조들(sūrya-vaṁśa)에게 영광을 바치는 데에서 나타납니다. 태양 왕조라는 것은 무슨 뜻일까요? 성모의 행적(Devī-māhātmya)을 극찬하며 헌정된 문헌에 보면 슈라타(Suratha) 왕은 태양(sūrya)에서 태어날 것이며 마누(Manu)를 잇는[4] 사와르니(Sāvarṇi)가 되리라고 인정을 받습니다. 태양에서 태어난다는 것은 어떤 의미일까요? 다음에 오는 붓다는, 수리야의 다른 이름인 미트라(Mitra)의 자손 마이트레야(Maitreya)입니다.[5] 이와 관련된 모든 질문에 대해 여기서 상세하게 설

---

3 수리야 나마스카라의 열두 개 만트라에 대한 완전한 지식은 여섯 비자 만트라와 함께 그리고 그것들에 상응하는 아사나들과 그 주제에 관한 여러 출판물과 자격을 지닌 요가 선생들에게서 얻을 수 있다.

4 인도의 우주론에서 창조의 한 주기는 14개 마누의 시대(manvantaras)로 나누는데, 각 시대는 한 마누 즉 우주의 현자가 지배한다. 이 현자는 묵상적 지식의 원천, 만트라, 우주적 묵상의 힘이다.

5 고대 이란인들도 '미뜨라'(Mitra)를 '미트라'(Mithra)라는 이름의 주신 형태로 숭배했다. 같은

명할 수는 없지만 간단히 언급하겠습니다.

가야트리 만트라의 첫 번째 낱말 '그것'(tat)은 영적 지식(brahma-vidyā)의 핵심 낱말입니다. 그것은 또한 베단타의 마하바캬(mahā-vākya), 'That Thou Art'(tat tvam asi)에서도 나타납니다. 가야트리와 마하바캬의 첫 낱말을 합하면 "우리가 명상하는 그 빛이 '네가 되어야 하는 것' 바로 그것이다."라는 의미가 됩니다. 이 설명은 구루 차크라에서 경배를 받는 구루(어둠을 없애는 이)의 주요 만트라에서 보강됩니다.

> akhaṇḍa-maṇḍalākāram …
> '그것이라는 낱말로 표현된 그 상태(tat-padam)를 나에게 보여 주신 그분'께 바치는 찬양입니다.

스리비드야(Śrī-vidyā)와 같은, 빛의 수준이 다른 세 가지 세계의 쿤달리니 요가에서 말하는 두 번째 세계는 태양의 세계(sūrya-loka)로 알려져 있습니다. 태양의 세계에서 요가 입문(dīkṣa)은 빛이 더 이상 타오르지 않고 차가워지는 아즈나 차크라 너머의 영역인 달의 세계(candra-loka)로 상승하도록 준비합니다. 수리야 나디(sūrya-nāḍī)가 점을 관통(bindu-vedhana)하면서 이들 세계를 지나 분출하고, 천 개로 배열된 차크라를 통해 생명력 전체가 폭발하도록 만들 때 요가 수행자들은 '둥근 태양을 관통한 이'(sūrya-maṇḍala-bhedin)로 알려집니다. 그는 『바가바드 기타』(XI.12)의 아르주나처럼 천 개의 태양 빛을 봅니다. 또한 『수

전통이 로마제국까지 건너가 미트라(Mithras)로 알려졌다.

『리야 기타』에서 태양의 마차를 모는 아루나(Aruṇa)는 유사한 깨달음으로 수리야에게서 브라흐마 비드야(brahma-vidyā)를 배웁니다. 이 깨달음을 얻는 전체 과정은 『만달라브라흐마나 우파니샤드』와 『마하나라야나 우파니샤드』에서 상세하게 설명되고, 그것은 다시 "최상의 함사로서 최상의 빛이 천만 개의 태양 광채로 빛난다."(parama-haṁso bhānu-koṭi-prakāśaḥ)고 『함사 우파니샤드』에서 요약됩니다.

내면에 있는 수리야의 비밀은 아래에 번역될 함사(haṁsa) 만트라에 들어 있습니다. 호흡(prāṇa)과 수리야 나디의 하늘을 여행하는 자유로운 날개를 가진 백조처럼 함사 형태를 지닌 수리야는 수행자를 가장 바깥의 외면부터 가장 깊은 내면까지 인도합니다. 샤우나카의 『리그위드하아나』(II.67)에 의하면, 마지막 순간에 함사 만트라의 자파(japa)를 행하는 이는 영원한 브라흐만의 영역으로 간다고 합니다. 비쉬마(Bhīṣma)가 그의 몸을 버릴 준비 중에 함사의 방문을 받는 것은 당연합니다. 찬가들의 왕(stava-rāja)의 바로 첫 구절(Mahābhārata: Śānti parvan, 47.38)에는 크리쉬나를 '자아가 태양인 분'(sūryātman)으로 부릅니다.

> tasmai sūryātmane namaḥ
> 태양이 자아(Sun-Self)인 분께 엎드립니다.

이러한 진리는 오직 입문전통에서 경험적으로 알 수 있습니다. 수리야 비갸나(최고 승단의 태양의 과학 요가 분파)를 보존하는 이들은 제자들에게 생생한 의식의 태양 광선을 전할 수 있는 분들로, 그 수는 다섯 손가락으로 셀 수 있을 정도입니다. 그러한 지식을 받을 자격이 있는 이들은 훨씬 더 적을 것입니다. 그런 자격을 받은 이는 '태양에서 태어난 분'이며 구루의 은총으로 해탈(mokṣa)을 향해 상승합니다. 매일 행하는 의식(arghya) 봉헌은 수리야 나마스카라와 같은 하타요가와, 가야트리 수행(sāvitrī sādhanā)에서 모든 복잡한 단계와 함께 하는 만트라 자파를 수행합니다. 이런 수행은 열망을 가진 이들을 위한 첫 번째 준비입니다.

〈함사 만트라〉

haṁsah śuci-sad vasur antarikṣa-sad
hotā vedi-sad atithir duroṇa-sat/
nṛ-sad vara-sad ṛta-sad vyoma-sad
ab-jā go-jā adri-jā ṛtam bṛhat//

(Ṛgveda Saṁhitā Ⅳ.40.5; Vājasaneyī Ⅹ.24; ⅩⅡ.14; Taittirīya Saṁhitā Ⅰ.8.15.2; Ⅳ.2.1.5; Taittirīya Āraṇyaka Ⅹ.10.2)

프라나의 태양의 백조 함사(haṁsa)는
순수에 깃드는 이
존재들의 거주지
모든 보물의 본질
내적 예지의 공간에 머물면서
불의 제단에 앉아 봉헌하는 사제
언제나 유랑하며 탁발하는 손님
집에 머물고

인간의 내면에 거주하며

축복의 자리를 차지하네.

그의 자리는 영원한 진리

우주 전체가 그의 명상하는 자리.

물의 흐름에서 태어나

언제나 영감을 주는 말을 하는

산의 아이

위대한 확장자

브라흐마 같은 우주의 법칙

참진리 자체인

함사!

요컨대, 누구나 매 호흡마다 함-소 함-소 함 … 이라고 분명히 말합니다.

"나는 그것이다. 나는 함사다. 태양의 백조다. 소-함. 나는 그것이다."

9

신을 안다는 것

1   인도 리시케시(Rishikesh)에 있는 스와미 라마 아쉬람(SRSG)을 방문한 한국 입문자들에게 한 스와미지의 환영사를 편집한 내용임.

정보와 지식 사이에는 다른 점이 있다는 것을 항상 기억하세요. 여러분이 어떤 것을 읽으면 그것은 정보입니다. 여러분이 마음속으로 그 정보의 진위 등을 따져볼 때에도 여러분이 알고 있는 정보에 기초해서 하는 것입니다. 사람들은 대부분 정보가 지식이라고 생각하며, "정보를 많이 읽었으니까 나는 그것에 대해 잘 알고 있다."라고 생각합니다. 그러나 그 정보는 지식이 아닙니다. 지식은 개인의 경험입니다.

여러분이 비폭력에 관해 읽은 내용은 비폭력에 대한 지식이 아닙니다. 비폭력을 경험하고 실천한다면 그것이 비폭력에 대한 지식입니다. 폭력을 야기할 상황에서 비폭력으로 대처할 방법을 배우면 그것이 비폭력입니다. 수준 높은 명상 기법에 관해 읽은 것은 지식이 아닙니다. 그런 명상 기법들을 경험하면, 기법이 없어도 지식을 갖게 됩니다. 그런 지식이 여러분의 목표가 되어야 합니다.

여러분은 여러 책과 종교에서 신에 관해 읽습니다. 그런다고 신을 알지는 못합니다. 신의 존재를 믿는다고 해서 신을 아는 것은 아닙니다. 개인적으로 신을 아는 것 그것이 지식입니다. 지식을 당신의 목표로 삼고 명상 수련을 하세요.

그런 지식을 갖게 되면 여러분 안에서 그것이 보입니다. 여러분 얼굴에서 보입니다. 여러분은 자신의 얼굴에 애정이 담긴 표정을 짓고 있나요? 그러면 낯선 사람이라도 여러분에게서 사랑을 느낍니다. 그것이 신에 대해 아는 지식입니다.

여러분의 지식은 여러분이 말하는 방식에서도 보입니다. 다른 사람에게 말할 때 목소리가 부드럽다면 여러분은 신에 대한 지식을 갖고 있는 것입니다. 여러분이 말할 때 사람들을 차분하게 한다면 그것이 신에 대한 지식입니다.

여러분이 몸을 움직이는 태도가 사람들에게 은총에 감사하는 마음을 불러일으키면 그것이 신을 아는 지식이며. 그리스도에 대한 지식, 부처를 아는 지식, 도(道)의 지식입니다. 이 모든 구절은 같은 것을 의미합니다.

명상을 하는 대다수 사람들은 여러 가지 경험을 기대합니다. 그러나 여러분이 기대해야 할 유일한 경험은 내면의 평온한 상태입니다. 명상에 관한 책을 보면 어떤 사람은 빛을 볼 것이고 어떤 이는 소리를 들을 것이라고 합니다. 그런 것은 잊으세요. 여러분의 몸이 고요하고 안정되어 있는지, 마음은 감정의 혼란에서 자유로워지는지, 호흡은 천천히 가라앉는지, 명상을 끝내고 눈을 뜬 후에도 얼마동안 마음이 고요하게 흔들림 없이 유지되는지 살펴야 합니다. 그런 상태가 여러분이 명상을 하고 있는지 아닌지를 알려 줍니다. 그것이 신에 대해 아는 지식입니다.

여러분이 친구뿐 아니라 원수에게서도 신을 보고 그에 따라 행동한다면 그것은 신에 대해 아는 것입니다. 명상 상태에 들어가면 여러분은 곧 처음 단계를 뒤로 하고 더 진전하고 더 깊게 들어갈 것입니다. 더 고요하고 더 밝은 빛이 다가오고 내면의 지식이 여러분에게 다가오기 시작할 것입니다.

여러분은 같은 고대 문헌들을 번역본으로 읽을 것입니다. 하지만 꾸준한 명상을 하고 있다면 그 낱말들의 새로운 의미를 알게 될 것이며, 명상과 그 의미를 여러분의 경험과 연결할 것입니다.

여러분이 고요해지기 위해 노력을 해야 한다면 아직 명상을 하고 있는 것이 아닙니다. 마음을 정화하려고 애써야 한다면 아직 명상을 하고 있는 것이 아닙니다. 여러분의 마음이 세속적 활동에 탐닉할 때에도 평온한 상태로 유지된다면 그것은 당신이 신에 대한 일말의 경험을 하고 있다는 의미입니다.

지금 여러분에게 신은 상상일 뿐입니다. 그것은 신념체계에 불과합니다. 여러분은 자신의 집 어딘가에 다이아몬드가 있다고 믿고 있는 것입니다. 그러나 여러분은 그 다이아몬드가 어디에 있는지, 어떻게 생겼는지 확인하려고 서랍을 열어 본 적이 없습니다. 여러분에게 그 다이아몬드의 가치는 무엇인가요? 이처럼 여러분은 지금 신이 있다는 믿음은 갖고는 있지만, 그분을 경험한 적이 없으니 그 믿음의 의미는 무엇인가요?

여러분의 명상이 진보하면, 내면에서 어떤 변화가 일어납니다. 얼굴은 더 고요하고 온화한 표정으로 변합니다. 더욱 사랑스러운 얼굴이 됩니다. 여러분을 보는 사람은 누구나 가장 순수한 방식으로 여러분을 사랑하게 됩니다. 여러분의 몸에서 풍기는 분위기도 변합니다. 여러분이 앉아 있으면 사람들은 여러분 안에 있는 고요함을 느낄 수 있습니다. 사람들에게 여러분의 고요함이 불어넣어져서 그들도 고요해집니다. 여러분이 움직일 때 사람들은 여러분에게서 아름다운 품위를 감지합니다. 그 움직임에 흔들림이 없기 때문입니다. 그 움직임에는 인내가 있습니다. 그 움직임에는 흐름이 있습니다. 여러분의 움직임에 떨림이 있다면, 아직 신에 대한 경험이 시작되지 않은 것입니다.

신을 경험하기 시작하고 명상이 결실을 맺기 시작하면 목소리에 변화가 생깁니다. 당신의 목소리가 차분해지고 그 목소리를 듣는 사람의 목소리도 차분해집니다. 매우 불안해하는 사람이 다가오더라도 그에게 "안녕하세요?"라고 당신이 말하면 그의 마음이 차분해집니다. 그때에 당신은 신에게 가는 길에 있으며 신을 알기 시작한 것입니다.

당신이 신의 본성에 대해 언쟁을 한다면, 그 신은 사랑이 가득한 신이 아닙니다. 신은 사랑이 가득한 낱말입니다. 그런 언쟁은 당신이 자랑하고 사랑하는 지성입니다. 그런 행동은 당신이 가졌다고 생각하지만 갖지 않은 지식을 과시하는 것입니다. 신을 알고 있는 이는 신이 어떤 분이라고 정의하려 하지 않습니다.

신에 대한 지식을 지닌 이는 사람들이 신에 관해 말하는 것을 듣습니다. 그들이 말하는 것은 무엇이나 어느 정도는 사실이기 때문에 그들이 신에 관해 하는 말은 무엇이나 동의합니다. 그러나 그것은 아직 경험적인 진리가 아닙니다.

신을 아는 이는 진리에 관한 모든 사람의 의견에 동의합니다. 신을 아는 사람은 신에 관한 모든 사람의 표현과 정의에 동의합니다. 하지만 그들의 표현과 정의는 불완전할 것입니다. 그러므로 여러분의 마음에서 '내가 과연 신을 알게 될까?'라는 의문이 있다면 자신이 신을 안다는 표시를 보인 적이 있는지, 신과 같은 온화함의 표양을 보인 적이 있는지 생각해 보세요.

신을 알게 된 이는 말을 할 때조차 침묵 상태를 유지합니다. 신을 아는 사람은 먹고 마실 때조차 단식 상태에 있습니다. 그들 마음의 깊이는 말이나 먹고 마시는 행위에 영향을 받지 않기 때문입니다. 그러한 마음이 온화한 신의 마음이며, 예수의 사랑의 마음 또는 붓다의 자비로운 마음입니다. 어떤 이름이든 여러분이 신에게 부여하고자 하는 이름에 따른 사랑입니다.

신을 아는 이는 신의 이름을 잊어버립니다. 신을 사랑하는 사람은 언제나 맨 먼저 신의 이름을 기억합니다. 그러나 사랑이 그 앎의 자리에 도달하면, 신은 말로 형언할 수 없기 때문에 그 이름이 없는 신이 여러분에게 나타납니다. 어떤 말로도 신을 정의하거나 표현할 수 없습니다. 신을 안다는 사람에게 신에 관해 물었을 때 그가 말없이 앉아 있기만 한다면 그것이 신을 아는 사람의 표시입니다.

여러분의 안과 밖, 여러분의 주변과 앞과 뒤, 여러분의 위와 아래는 대양이고 여러분은 그 대양에 있는 한 조각 스펀지와 같습니다. 대양은 스펀지를 통과하고 또 둘러싸고 있습니다. 이 작은 스펀지는 더 큰 스펀지에게 가서 묻습니다. "현명하신 선배님, 대양을 어디에서 찾을까요?"

현명한 선배 스펀지는 무어라 대답할까요? 그는 "너를 통과하고 너를 둘러싸고 네 위와 아래, 네 옆과 앞과 뒤에서 다시 너를 통과하는 것 그것이 대양이다."라고 대답합니다.

여러분이 신의 대양에 있는 그 스펀지와 같다는 것을 잘 이해하기 바랍니다.

그렇다면 스펀지는 대양을 발견하기 위해 어디로 갈까요? 자기가 있는 작은 대양보다 더 큰 대양이 있을 것 같은 곳, 태평양의 이쪽 끝에서 저쪽 끝까지 순례를 떠날까요? 한국에는 더 적은 신이 있고 리시케시에는 더 많은 신이 있을까요? 여러분이 명상을 가르치는 선생의 강의실을 떠나면 더 많은 신이 있는 곳을 떠나 더 적은 신이 있는 곳으로 가는 것일까요? 정말 그럴까요?

여러분이 어디에 있든지 그 대양 즉 신 안에 있기를 바랍니다. 신을 알기 시작한 사람은 애쓰지 않아도 그를 통해 어떤 지식이 흐르기 시작합니다. 그곳에서는 사랑과 지식이 같은 말입니다. 신을 사랑하는 것과 신을 아는 것은 하나이며 같은 일입니다. 둘 사이에는 어떤 차이도 있을 수 없습니다.

그러므로 명상에 대한 개념을 확실히 해야 합니다. 여러분이 명상을 작은 배처럼 이용하면서 그 배로 강을 건너다가 강 한복판에서 배를 버린다면 여러분은 자신의 목표가 무엇인지 아직 이해하지 못한 것입니다. 여러분이 강이란 것을 기억하세요. 강의 이쪽 기슭이며 저쪽 기슭이고, 강의 흐름이고 물결이며, 작은 배이고, 순례자이며 여정입니다. 이들이 하나이며 같은 존재에 대한 이름입니다. 그 존재가 여러분이라는 신이며 신이라는 여러분입니다.

명상에서 이런 낱말이 떠오르지 않아야 합니다. 여러분은 이런 낱말을 묵상하지 말아야 합니다. 여러분이 강, 이 기슭, 저 기슭, 흐름, 순례, 배가 되어야 합니다. 모든 것이 하나이고 같습니다. 나는 여러분이 신을 향한 그 사랑이고 신에 대한 그 지식이기를 바랍니다.

여러분 스스로 신을 아는 지식을 갖는 것이 불가능하다고 생각하지 마세요. 다른 사람들은 그것을 갖게 되었습니다. 여러분은 왜 안 되나요? 목공일을 하던 목수가 그 지식을 갖게 되었습니다. 직물을 짜던 직공도, 시를 쓰던 시인도 갖게 되었습니다. 웃고 있는 성자는 웃는 동안에, 침묵하는 성자는 침묵 중에 갖게 되었습니다. 금욕하는 남녀 수도승도 그 지식을 갖게 되었습니다. 결혼한 재가자가 그것을 갖게 되었고, 도둑과 절도범도 갖게 되었습니다. 인간의 역사에는 그 지식을 갖게 된 목수와 직공, 웃는 이와 침묵한 사람, 금욕주의자와 결혼한 남녀, 나이든 이와 아주 어린 아이들 그리고 도둑 등의 이름으로 가득합니다. 이들 모두 그것을 갖게 되었습니다. 여러분이 왜 그것을 갖지 못하겠습니까?

갖게 될 것입니다.

나는 여러분이 바로 이번 생에서 여러분 자신이 여러분에게 주는 선물, 여러분의 신이 주는 신의 선물이기를 바랍니다. 바로 이번 생에서.

10

내가 태양을
떠났을 때

'내가 태양을 떠났을 때'는 산문시입니다. 영웅의 신비로운 여정을 이야기하고 있는데, 다른 모든 유사한 내용의 전형이 되는 것입니다. 이 산문시는, 시간과 공간에 잡혀 물질세계의 어둠 속에서 자신의 본성을 잊고, 겨우 희미하게 기억할 수 있는 빛을 갈망하는 한 줄기 광선의 이야기입니다. 그는 고통받고 슬퍼하며 기도합니다. 그리고 그와 달리 시공에 잡히지 않은 다른 광선들에게서 빛을 조금 받아 자신의 참본성을 기억하고 진정한 고향을 열망하다가 마침내 '다시 그의 날개를 갖게 됩니다.' 이 절절한 이야기는 모든 영적 수행자들의 기억을 되살리고 태양에 있는 그들의 형제자매 광선들과 만나도록 용기를 불어넣습니다.

내가 태양을 떠난 마지막 순간에 내게 무슨 일이 일어났는지 그 집에서 나간 빛에 대한 이야기로 시작하겠습니다.

그 광선, 즉 태양의 심장에 있는 연민의 물결은, 위대한 제정자가 자신의 본질과 존재를 부여해서 창조했습니다. 그래서 우주는 사랑과 연민이 존재한다는 것을 알 것입니다. 이 물결은 태양의 가슴에서 나가야 할 운명을 지녔고, 셀 수 없이 무수한 친구와, 어머니인 동시에 아버지인 부모 그리고 그 부모에게서 태어난 형제자매들도 같은 운명을 지닙니다. 이들 연민의 물결은 온 우주와 모든 열린 공간을 여행합니다. 이들이 만지는 곳은 모두 빛이 됩니다. 이들이 만지는 것은 무엇이나 자기 자신을 알게 됩니다. 이들 빛의 파동, 빛줄기들이 태양을 떠나 여행하면서 어떤 존재를 만지기 전까지 그 존재는 자신이 무엇인지 모릅니다. 이들 광선이 태양에서 나와 여행하면서 그런 존재들에게 부여하는 첫 번째 은총은 자아의식이며 자아인식입니다. 그 물결들은 그렇게 여행하면서, 단단한 몸의 느린 움직임으로는 판단할 수도 측정할 수도 없는 속도로 모든 대상을 만지고 압축하고 에워싸고 씻깁니다. 행성과 별과 공간의 숨은 틈에 이르기까지 우주에 있는 모든 것이 차례차례 연민의 손가락에 닿아서 빛을 발하게 되고 자아를 인식하게 됩니다. 자신을 모르는 것이 자신을 알게 되도록 만지는 그 손길은 경이로울 만큼 아름답습니다. 이 은총의 손길이 아니고는 결코 이루어질 수 없는 도약입니다. 그들의 손길에 의해서 비로소 우리는 자기 자신을 압니다.

순수함의 손길을 찾으려는 열망은 상대적으로 순수하지 않은 것의 본성입니다. 그것을 찾으면서 우리는 자주 우리처럼 불순하게 만들기 위해 순수한 것을 유혹합니다. 이것은 영적인 것과 물질적인 것의 상호작용에 대한 놀라운 역설입니다. 영적인 것은 물질적인 것에 생명을 부여합니다. 물질적인 것은 줄 수 있는 것이 아무것도 없으므로 영적인 것을 죽입니다. 우리는 자신이 갖고 있는 것만 줍니다. 물질적인 것은 불확실성과 쇠퇴와 죽음밖에 줄 것이 없습니다. 그래서 물질적인 것은 태양이 재가 되어 재와 같은 우리와 친구가 되도록 태양의 빛나는 얼굴에 먼지를 바릅니다. 순수의 손길이 닿아 순수해지기를 바라는 고양된 영혼은 거의 없습니다. 고요함을 접하고도 소란스러움을 벗어나 영원히 조용해지기를 추구하지 않고서는 고요해지지 않습니다.

순수함의 손길이 여러분에게 은총으로 부여될 때마다 곧 평온을 경험할 수 있기를, 마음을 고요하게 만들 수 있기를 열망하세요. 그 속도는 우리의 것으로 측정할 수 없습니다. 우리가 가진 불확실성으로 그들의 영원성을 평가하지 않으면 점차 그 순간적인 손길은 더 오래 지속되고 깊게 침투하는 손길이 될 것입니다. 그때 여러분 안에 그 손길이 머물고, 그 사랑이 결합에 이를 것입니다.

영적인 것과 물질적인 것 사이에 이런 기묘한 역설적 사랑이 있습니다. 영적인 것은 물질적인 것이 활기를 띠기를 원합니다. 물질적인 것은 자기 목적을 위해 영적인 것을 이용합니다. 간혹 일시적으로 순수한 것이 유혹당하는 것처럼 보입니다. 영적인 것은 자신이 접촉하는 것과 사랑에 빠지는 놀이를 합니다. 그 사랑이 없이는 은총을 부여할 수 없기 때문입니다. 영적인 것과 물질적인 것 둘 사이에 때로 동질성이 형성됩니다. 이런 배경에서, 내가 태양을 떠났을 때 내게 무슨 일이 일어났는지 이야기하겠습니다.

내가 물질로 된 딱딱한 몸에 둘러싸여 있었을 때, 지금은 활기를 띠고 있는 이 몸의 내면에서 감사하는 마음이 일어났습니다.

머물러요! 가만히 있어요! 공간 너머 멀리 가지 마세요. 당신이 없으면 나는 존재의 망각으로 되돌아갈지도 몰라요. 그냥 단순히 존재하면서, 내 존재를 의식하지 못하고, 당신이 방금 나를 들어올린 그 어둠, 당신이 방금 나를 끌어올려 구해 준 그 망각의 깊은 우물로 되돌아갈지도 몰라요. 당신은 나를 그 우물에 다시 떨어뜨려 한낱 물질로 돌아가게 하시렵니까?

내가 사랑으로 인식을 부여한 그 존재에게서 이런 절규가 일어났습니다.

나는 한계에 매여 있을 수 없습니다. 같은 부모에게서 태어난 형제 태양들과 형제 빛줄기들, 우리는 언제나 이리저리 다닐 운명이며, 손길이 닿은 적이 없는 멀리 떨어진 공간을 만지고, 사물을 살아나게 하고, 그것들 안에 머물지만 그것이 되지 않는 그런 운명을 갖고 있습니다. 그러나 우리는 가끔, 우리가 생명을 부여한 그 형태와 일종의 동질성을 형성합니다.

그런 일이 내게 일어났습니다. 어떤 힘이 나를 아래로 끌어당긴 것입니다. 나는 내 광대하고 자유로운 공간들을 모았고, 그 광대함의 중심을 찾았습니다. 그리고 내 광대함을 그 지점으로 모아들였습니다. 나는 더 이상 우주의 모든 공간들처럼 광활하지 않았습니다. 나는 그저 한 점에 불과했습니다. 나는 그 형태 안으로 들어가 그곳을 거처로 여겼습니다, 자연스럽게 사랑과 연민을 부여한 그 행위처럼. 그 행위는 우리에게 운명으로 정해진 것으로, 얼마나 많은 형태에게 얼마나 많은 인식을 주는지 계산하지 않고 주어야 하는 것이 우리 운명입니다. 그러나 실제로 우리 자신을 광활하게 열린 공간이 아닌 한 점 빛으로 만들 수 있을까요? 우리 빛줄기들에게, 그 형태 안에서 어둠과 빛을 뒤섞고, 그것이 너무도 뒤섞여 있어서 어둠은 어디에서 어둠이 끝나고 빛이 시작되는지 모르고, 빛은 어디에서 빛이 끝나고 어둠이 시작되는지 잊어버리는 그런 세계를 창조하는 것보다 더 나쁜 운명이 있을까요?

단단한 어둠의 형태와 내 존재가 융합되었을 때, 내 빛이 얼마나 무력해지고 내가 얼마나 약화되었다고 느끼는지를 어둠에 있어 본 적이 없는 내가 어떻게 알겠습니까? 그러니 나의 친구 광선인 여러분에게 조심하라는 주의를 주겠습니다. 한 번도 어둠의 수렁에 빠져 본 적이 없는 여러분은 여러분의 사랑, 여러분의 빛, 여러분의 은총, 여러분의 인식을 부여할 때 그저 주기만 하고 절대로 그것에 거주하지 마세요. 그 형태 안으로 들어가지도 말고 그 형태를 여러분의 집으로 만들지도 마세요. 그렇지 않으면 곧바로 여러분의 빛은 힘을 잃고 여러분은 약화될 것입니다. 여러분이 계속 그 안에 있거나 바로 나오지 않는다면 여러분 자신을 그 형태와 동일시하기 시작할 것입니다. 그 때에 어둠은 "나는 빛이다."라고 말하겠지만 빛은 "나는 어두워졌다."고 말할 것입니다. 이것이 바로 태양을 떠난 마지막 순간에 나에게 일어난 일입니다.

빛인 나는 지나가는 친구인 빛의 물결에게 외쳤습니다. "나를 잡아당겨 줘! 나를 살려 줘! 네 은총의 한 줄기를 보내 줘! 딱딱한 형태가 된 내게 한 가닥 친절을 보내 줘! 영겁에 영겁을 더한 무한의 시간 동안 내가 했던 것처럼 나를 들어올려 줘!" 그러자 그들은 단단한 형태를 빛으로 감쌌다가 다시 풀었습니다. 그런 다음 그들은 다시 광대하고 빛나는 공간으로 사라졌습니다. 그들은 나를 끌어내 주지 않았습니다. 우리가 어둡고 단단한 형태로 들어가는 것은 우리 자아의 의지와 자유의지뿐이라는 인식이 우리 본성에 없을까요? 또한 그 의지에 의해서만이 우리가 자신의 힘을 다시 모으고, 무력해진다는 공포를 끝낼 수 있으며, 자신을 다시 추슬러 어둠을 몰아내고, 여정을 계속하면서 광대함을 다시 발견할 수 있다는 인식이 없을까요?

　이 본성을 알면서도 나는 그 어둡고 단단한 형태와 나를 동일시했고 사랑했습니다. 자유롭고자 하는 의지, 내 자유를 인식하고자 하는 의지도 무력해지고 이 무력함으로 인해 나는 다른 은총에게 도움을 구했습니다. 항상 다른 이들에게 은총을 부여했던 내가 말입니다. 아! 한 번도 어둠에 닿아 보지 않은 여러분이 너무도 무력해지고 너무도 어두워지고 너무도 단단하게 묶인 상태를 상상이나 할 수 있을까요? 바위가 되는 것, 살이 되는 것을 상상할 수 있을까요? 빛줄기가 되는 것이 아니라 뼈가 되는 것을 상상할 수 있을까요?

　그 단단한 형태 안에는 아! 우리 집에 빛이 층층이 겹쳐 있는 것처럼, 모두 제각각인 빛의 층이 겹겹이 있었습니다. 내가 선택한 그 임시 거처에는 서로 다른 움직임으로 느리게 움직이는 불쾌한 소음 층이 겹쳐 있었습니다. 그곳의 무거운 느낌은 무엇과도 비교할 수 없습니다. 그들은 그것을 중력이라 부릅니다. 그 단단한 형태들은 움직입니다. 태양에서라면 죽어 있다고 생각되는 그런 모양으로 움직입니다. 그 어둠의 형태들은 자신들이 생각한다고 생각하지만 우리에게 그 생각은 망각보다 더 나쁜 운명입니다. 내가 얼마 전까지 있던 곳,

얼마나 있었는지는 말할 수 없지만, 그곳에서는 불이 우리의 천국이고 불이 없는 것이 지옥이라는 것을 그들은 알지 못하고, 불길로 가득 찬 지옥에 대해 말하기도 합니다. 그들 세계에는 우리의 영원성에 대한 이해력이 없기 때문입니다.

그 형태 안에서 무한함은 단지 낱말에 불과합니다. 아! 이곳에서 우리는 모두 하나이고 누구라도 혼자가 아닌데, 그곳에서 나는 얼마나 고통을 겪었는지 모릅니다. 여기에서 우리 모든 존재는 하나이고 혼자란 없습니다. 그러나 그곳에는 절대적인 외로움이 있었습니다. 친구 광선들이 그 형태, 그 어두운 단단함을 그냥 스치고 지나갔고, 나는 상상으로 나의 새로운 정체성의 그림자를 만들었기 때문입니다.

이곳 우리 태양의 왕국에서 우리가 빛의 물결을 나누면 각 부분은 똑같이 무한합니다. 그러나 그 어둠의 유한성에서는 나누면 작아지고 또 작아지고 더 작아지며 더 무력해지고 더더욱 무력해집니다. 빛의 힘은 약해지고 더욱더 약해집니다. 때로 나는 이 알 수 없는 질병으로 너무나 약해져서 나 역시 이 물질 형태처럼 실제로 죽었다고 생각했습니다. 영원한 불꽃인 나는 틀에 제한되어 의식 없이 소멸되어 갔습니다. 그러나 무수히 많은 형태에게 내가 어떻게 존재 의식을 부여했는지에 대한 희미한 기억이 남아 있었습니다. 그렇습니다. 어떤 희미한 기억은 계속 남아 있습니다. 소멸되어 가는 그 순간에도 나의 어떤 입자는, 인식이 나의 본성이며 소멸이란 내게 완전히 낯선 것임을 알아야 했습니다.

때로는 남아 있는 의지가 영감을 주기도 하고 내 자아의식이 강해지기도 하면서 나는 아주 잠깐 동안 소멸로 보이는 그 상태에서 벗어났을 것입니다. 나는 이처럼 약하게 내 의식을 붙잡고 있었습니다. 가끔은 너무나 약해져서 내가 감각을 부여한 그 살과 연관해서 내가 감각이고 내가 살이라고 생각했습니다. 그리고 때로는 내가 진동을 부여한 대뇌 안에서 나는 내가 그 대뇌의 생각이라고 생각했습니다. 반복해서 말하지만 그 형태와 나를 너무나 동일시했기에 내 진동을 전해 준 그 대뇌에서 살면서 나는 대뇌의 생각이 나라고 생각했습니다.

위대한 근원이며 제정자(Ordainer)인 태양, 우리 빛줄기를 파견하고, 우리 고독의 피난처이며 우리의 고요함을 이끌어 내는 태양은 자신의 창조물, 자신의 아이들 중 하나가 어떤 운명에 처했는지 모르는 걸까요? 이따금, 아, 머나먼 내 고향에 대한 희미한 기억이 떠오르고 내가 추방 중이라는 것을 알 수도 있겠지요. 그들은 내 앞에 진수성찬을 차려 놓고 평생 맘껏 즐기라고 말할 것입니다. 하지만 그들은 이 성찬이 내게 하루 저녁 끼니로도 부족하다는 것을 몰랐습니다.

나를 짓누르는 깊은 비애와 외로움을 알고 그들은 다이아몬드, 루비라고 부르는 어떤 눈부신 빛을 내게 가져와서 "우리의 태양과 달과 별을 보세요!"라고 말하겠지만 그것들이 내 자매들의 광선으로 빛나는 것은 아니겠지요? 그 눈부신 형상은 나를 들뜨게 하고, 내가 동일시해 왔던 내면 깊은 곳의 어떤 것이 내가 줄어들었다는 그 생각을 불러일으킬 것입니다. 그 생각은 "그래. 내 황궁의 계단을 장식한 에메랄드에 대한 희미한 기억이 있어."라고 말할 것입니다. 그들의 모든 별과 태양, 그들 우주에서 전부 모아들인 휘황찬란한 빛과 루비와 다이아몬드가 내 황궁의 계단을 장식한 한 개의 에메랄드에서 나오는 한 줄기 빛과도 견줄 수 없다는 것을 그들이 상상이나 할 수 있을까요? 그 기억은 오래 전에 사라진 사랑의 섬광처럼 지나가고 오로지 한숨만 남을 것입니다. 내 형제자매들에게서 은총을 받은 다른 형태들은 이렇게 말할 것입니다. "왜 한숨을 쉬나요? 당신이 찾는 것은 무엇인가요? 당신은 왜 우리와 같지 않은가요?"

그들은 정상상태와 다른 감각을 지닙니다. 그들이 일반적이라 여기는 것을 내가 왜 따르지 않는지 물을 것입니다.

그런데 이런 일이 일어났습니다. 내 친구 빛의 파동 하나가 지나가다가 조금 오래 머물면서 내가 호전되는 일이 시작된 것입니다.

아마도 내게는 그것만이 필요했을 것입니다. 그것은 마치 내 전 존재가 갑자기 사라진 것처럼, 우리의 본성인 순수한 광채에 다시 닿은 것 같았습니다. 내가 마치 그 어두운 우물 밖으로 들어올려지도록 한 손을 내민 것 같았습니다. 그러나 나는 들어올려지는 것이 아니었고, 누군가 나를 구출하는 것도 아니었습니다. 나는 나의 인식을 발견해야 했습니다. 그러나 어둠 섞인 빛이 되어 있던 나에게 순수한 빛이 닿는 것이 내게 필요한 시작이었습니다.

나는 그 접촉이 겨우 한순간의 섬광처럼 짧게 머물렀다는 것을 지금은 압니다. 그러나 그 순간에 나는 영원에 닿았기 때문에 영원의 완전함을 얼핏 본 듯했고, 내가 진정 누구였고 어디에 있었는지 단번에 알았습니다. 나의 의지가 회복되었습니다. 그곳에 오래 머물지 않게 되었습니다. 그 단단한 물질의 형태가 나를 붙잡고 내게 요구했습니다. 그들은 내게 보여 준 그 모든 눈부신 빛에 대해 내가 빚을 지고 있다고, 그 빛을 갚아야 한다고, 실존 규범을 배워야 한다고 말했습니다. 그 말은 내가 모든 진동을 부여한 바로 그 대뇌 안에 내가 생각으로만 남아야 한다는 의미였습니다.

나는 "그렇게 남을 수는 없습니다! 이 감옥의 벽은 이제 무너져야 합니다."라고 선언했습니다. 나는 내가 누구인지 기억하면 더 이상 그곳에 감옥은 없다고 배웠습니다. 내가 빛의 파동, 존재의 인식이라는 자아인식에 머물러야만 한다는 것을 배웠습니다.

나는 그 인식에 점점 더 오래 머물 것이고 그때 불안정한 몸은 고요해질 것입니다. 다른 몸들은 의심의 눈으로 바라보며 내 이상한 병을 치료한다고 약을 줄 것입니다. 내 안에서 자라고 있는 이 '현실도피자'의 생각을 분석해서 친절하게 알려 줄 것입니다.

그러나 단순히 경작하고 융성하게 하고 자양분을 주면서 그 어두운 형태 안에 머물렀어도 내 진정한 존재에 대한 기억은 황홀했습니다. 빛의 파동의 동료인 여기 있는 여러분과 나는 우리의 규범으로서 환희를 갖고 있습니다. 우리는 환희로 들어가지도 나가지도 않습니다. 아마도 우리가 이따금 환희가 없는 세상으로 보내졌기 때문에 우리는 그들과 달리 우리가 얼마나 축복을 받는지 알게 됩니다.

빛과 어둠의 차이, 영적인 것과 물질적인 것의 차이를 이해한 것은 다소 어둡고 약해진 환희의 짧은 순간이었습니다. 나는 왜 우리가 물질적인 형태를 스쳐 지나가면서 아주 길지는 않지만 오래 머물면서 접촉할 때마다 물질 형태가 우리를 찾아내고 접근해서 가두고 싶어 하는지 이해합니다. 우리를 그들처럼 어둡게 하려는 악한 의도에서가 아니라 어둠 속에서 자신을 빛나게 하려는 것입니다. 그러나 내 본성은 이렇게 울부짖습니다.

신이시여, 저는 당신이 주신 것을 잃었습니다.

제 순진함을 잃었습니다.

저에게 다시 그것을 허락해 주실 수 있나요?

그들이 저에게 '바보!'라고 저주할 때

저는 그들이 어떻게 그걸 알았는지 놀라고 겁에 질립니다.

그리고 제가 정말 신의 바보라는 것을 감추기 위해

다시 부지런히 노력합니다.

오, 신이시여. 제가 다시 당신의 바보가 되게 해 주소서.

그들이 '더럽다!'고 저를 쫓아내면

모든 구멍에서 분비물이 흐르는

악취나는 육(肉)의 집에서 제가 살고 있다는 것을

상기시켜 준 그들에게 감사합니다.

저는 자유롭게 떠나기 위해 다시 노력합니다.

오, 신이시여. 저를 다시 전처럼 순수하게 해 주소서.

그들이 저에게 열정적인 가슴을 드러낼 때

저는 제 어머니를 기억합니다.

아기는 모든 여성을 '엄마!'라 부르고 매달려 젖을 먹습니다.

어머니, 저를 다시 당신의 아이가 되게 해 주세요.

신이시여, 저는 당신이 주신 것을 잃었습니다.

그것을 다시 찾을 수 있는 곳으로

저를 인도하소서.

내가 간혹 이렇게 울부짖으면, 그들은 "정말 아름다운 시군요!"라고 말했습니다. 내가 한 말의 실제 의미를 그들이 모르기 때문입니다. 때로 머나먼 나의 제국에서 불어오는 향기로운 미풍이 내 나라에서 피는 꽃들이 풍기는 향기의 메시지를 전해 주는 것 같았겠지요. 내가 그런 기억을 억누른다면 나와 친구가 된 돌의 형태, 잿더미인 그들은 기뻐하겠지요. 그들이 즐거워했고 내가 그들의 방식 중 하나를 배울 때마다 그들은 기뻐했습니다. 그 머나먼 곳의 미풍이 내 나라의 꽃향기가 스미든 메시지를 전해 줄 때면 어둠의 나라의 동료 시민인 그들은 내게 그들의 꽃을 보여 줄 것입니다. 여러분이 그렇게 구속되고 자극적인 조건에서 괴로움을 당한 적이 없다면 우리의 조물주를 축복하세요! 그들이 꽃이라 이름붙인 것의 향기가 얼마나 약한지 여러분은 상상도 할 수 없기 때문입니다. 우리 빛의 나라의 추억과 기념물이 그들 왕국에 흩뿌려져 있어서 그곳에 영원히 감금되는 불행한 일을 겪고 있는 우리 중 몇몇은 고향 왕국을 다시 생각하게 될 것이라고 누가 알겠습니까?

그래서 나는 오랫동안 고심했습니다. 내가 내 진정한 존재를 회상할 때마다 어둠이 사라졌습니다. 망각은 그 망각을 기억하지 못하게 되고 기억이 되었습니다. 망각은 그 망각을 의식하지 못하게 되고 인식이 되었습니다. 어둠은 그 힘을 잃고 빛이 되었습니다. 돌 같은 형태는 생기를 지니기 시작했습니다. 내가 어둠에 굴복하려고 할 때마다 나는 그 환희의 순간들을 기억했을 것입니다. 흠, 언젠가 그들의 날 중 하루가 될 때까지.

여러분은 그들의 날 중 하루가 얼마나 긴지 알고 싶은가요? 그것은 마치 여러분이 우리의 날을 하나로 나누어야 되는 … 아니요, 나는 그들의 날, 아니 그들의 수명, 그들이 소멸을 두려워하며 그토록 절실하게 매달리는 수명이 얼마나 짧은지를 여러분에게 비유로 알려 줄 만큼 작게 세분된 순간을 찾을 수 없습니다. 더 이상 말하지 않기로 하겠습니다. 나는 그 미소(微小)함 안에서 받은 고통을 기억하고 싶지 않습니다. 그런데 그들의 날 중 어느 날 나의 기억이 강하게 살아났습니다. 어둠이 저절로 무너졌고 나는 내가 옷으로 입고 있는 그 단단한 돌에게 말했습니다.

알몸으로,
나는 태양의 불꽃에서 춤을 출 것이네.
나는 두 팔을 활짝 벌리고
전 우주를 포옹하면서 하늘 높이 오를 것이네.

슬픔의 푸른 대양은 더 이상 내게 없다네.
오렌지 빛 여명이 이제 내 고향땅에서 나를 환영할 것이네.
나는 내 머리를 모든 별로 장식할 것이며
행성들은 내게 공간의 좁은 개울을 건너는 징검다리가 되어 줄 것이네.
내 결혼식의 밤이 다가왔고
내게 더 이상 베일은 없네.

내가 우주의 춤으로 피로할 때
나는 연인의 팔에 누워 있을 것이네.

이 우주 경계선의 황혼이 미소 지으며
내 귀에 부드럽게 속삭이네,
그가 기다린다고
결합의 시간이 가까워졌다고.

인간이여, 나는 하늘의 처녀라네.
잘 있어요. 내 날개가 다시 자랐다네!

당신이 나를 알아보지 못한 것은 운명의 일격이었네.
내가 당신 속으로 떨어져
나의 사지가 수치심으로 옷을 입고
수치심에 나를 담그고
당신이 나를 욕망의 황금사슬로 묶지 않도록
수치스럽게 몸이란 것에 나를 숨겼다네.

잘 있어요. 지구에 있는 나의 집주인.
자유롭게, 나는 다시 벌거벗었다네.
잘 있어요. 인간이여.
내 날개가 다시 자랐다네!

그렇게 나는 어둠의 세상을 떠났습니다. 하지만 어째서 나는 그곳으로 돌아갈 수 없을까요? 단단한 존재의 슬픔을 알고 있고 존재의 주요 구성요소가 어둠인 것을 알기 때문이며, 나의 연민이 이제 더 강해졌기 때문입니다. 이 속박 이전에 우리가 살짝 만지고 휙 스쳐간 이들 형태 안에 어떤 슬픔이 숨겨지고 가려져 있는지 나는 알지 못했습니다. 이제 나는 더욱 열심히 나의 은총을 베풀어야 한다는 것을 알았습니다. 그리고 또한 물질세계의 어두운 우물 속 소용돌이에 빨려들어가지 않도록 내 자아인식에도 더욱 집중해야 한다는 것을 알았습니다.

빛의 파동의 동료인 우리는 모두 하나입니다. 누구도 혼자가 아닙니다. 어둠의 세계에서 그들이 말하는 순간의 환희는 우리에게는 영원히 지속되는 본성입니다. 여러분이 그 돌 감옥에서 살아 볼 때까지는 우리가 영원한 영혼으로서 얼마나 축복을 받았는지 여러분은 알지 못합니다.

지금 저 먼 세계에서 올라오는 울음소리가 들립니다. 존재들이 인식을 청합니다. 지금 저 먼 세계에서 인식을 청하는 존재들의 울음소리가 들립니다. 자, 우리 함께 가서 연민으로 그들 존재의 인식을 그들에게 부여합시다.

신, 태양이시여, 우리의 여정을 축복하소서.

11

빛의 영역

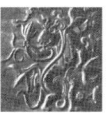

우리는 빛의 존재입니다. 의식 에너지가 물질 형태 안에서 응축된 빛나는 존재 deva(신)입니다. 우주의 춤과 놀이(lila)에서 자연의 형태로 스스로 모양을 갖게 된, 각기 다른 진동을 지닌 에너지 존재입니다. 영역 안에 영역이 있고 각 층은, 사람의 인성 안에서, 행성의 시간대와 같은 각기 다른 시간 감각과 우주와 행성과 생기가 각기 다른 정도로 진동하고 있습니다. 이들 존재는 내면에 있는 황금과 보석을 끊임없이 외부에서 찾습니다. 그러나 사실 이 행성에 있는 몇몇 빛의 영역, 빛의 존재인 위대한 싯다(siddha)들이 어떤 영역을 차지하고 있습니다. 그래서 여러분은 강의 합류 지점에서 열리는 쿰바멜라(Kumbha Melās) 같은 그곳에 갈 수 있고 에너지의 충전을 느낄 수도 있으며, 사람들은 그곳을 신성한 장소라 부릅니다. 우리가 장난스레 인간이라고 부르는 우리 안에 있는 그것은 금광이나 은광으로 몰려가기도 하고 다이아몬드를 수집하거나 신성한 빛의 축복을 향해 가기도 합니다. 우리 안의 그것이 "여기 우리는 반드시 그곳으로 가야 한다."고 끌어 잡아당기며 말하기 때문입니다.

아주 얇은 은박지의 한쪽 면을 작은 빛이 지나간다고 상상해 봅니다. 그때 은박지 이면을 지나가는 빛을 바라보세요.

또는 아주 얇은 금박지를 통과해 지나가는 빛만 보고 기억하세요.

크리스털의 빛으로 국자 모양을 만드세요. 여러분이 할 수 있다면 그 빛나는 공간에서 약간의 다이아몬드를 퍼냅니다. 그 국자로 그 공간의 빛을 담으세요.

그 빛을 전부 모아 크리스털 용기에, 빛줄기나 얇은 금 은 막이나 다이아몬드가 아닌 빛만 담으세요. 같은 방법으로 루비와 자수정과 에메랄드의 빛을 크리스털 용기에 담고 잘 섞어 줍니다.

태양이 떠오를 때 호숫가에 서서 수면에 반사되는 태양의 붉은 빛을 봅니다. 태양이 질 때 바닷가에 서서 수면에 반사되는 석양빛을 봅니다. 그렇게 일출과 일몰의 태양빛을 걷어서 같은 크리스털 용기에 담으세요. 보름달이 빛날 때 그 호수와 그 바다에 서서 달을 잊고 호수를 잊고 바다를 잊고 물을 생각하지 말고 그곳에서 반사되는 빛만 걷어내세요. 그리고 그 빛을 바로 그 크리스털 용기에 담으세요. 그리고 잘 섞으세요. 여러분은 연금술의 대가입니다.

여러분이 할 수 있다면 그 빛을 꺼내서 빛으로 어떤 형태를 만듭니다. 오로지 빛의 존재만이 가능합니다. 그 형태가 어떻게 일렁이거나 반짝일지, 입자가 아닌 빛의 파동이 어떻게 자신을 억제할지 압니다. 손으로 움켜쥘 수 없는 그 미묘한 빛의 색깔은 얼마나 많은지! 그런 형태가 바로 여러분이라는 것을 아시나요? 어딘가 어느 시점에 그

토록 아름답고 살아 있는 빛의 형태들이 자기장 영역에서 먼지입자들을 붙잡았습니다. 이 먼지입자들이 여러분의 물질적인 몸입니다. 하지만 빛은 그대로 남아 먼지입자들을 빛나게 합니다.

길을 걸어가는 누군가를 보고 깜짝 놀라며 "아, 저 사람 정말 아름답네."라고 말할 때 여러분은 단지 빛의 형태에 붙잡힌 먼지입자를 보고 말하는 것입니다. 그 빛의 형태는 당신이 상상해 온 당신 자신입니다. 빛을 모아서 그것으로 아담과 이브, 마누(Manu)와 그의 아내 샤타루파(Śatarūpā)[1]를 만든 당신 자신인 것입니다.

먼지입자는 그 빛에 잡혀 있을 수 없습니다. 빛은 살아 있는 빛이지만 먼지에서 온 입자들은 일렁이고 반짝이고 마치 살아 있는 것처럼 움직인다 해도 살아 있다고 말할 수는 없습니다. 하지만 머지않아 빛의 틀에 맞지 않은 존재인 – 여러분은 먼지입자가 없는 그 빛의 형태가 얼마나 아름다웠는지 잊지 않았겠지요? – 먼지입자들은 떨어져 나갑니다. 그러면 주변 사람들이 그 먼지입자들을 모아 묻거나 태웁니다. 먼지입자를 땅에 묻거나 화장하는 장례식은 먼지입자들에게 대단히 중요한 일입니다. 한때 빛의 영역에 붙잡혔었기 때문에 먼지입자는 매우 소중합니다. 여러분 욕실의 거울이 먼지입자들만 보여준다 해도 여러분은 빛의 영역과 같습니다.

이 살아 있는 빛의 영역들은 매우 활기차게 진동하기 때문에 느리고 무딘 먼지입자인 우리 눈의 진동은 그것을 볼 수 없습니다. 은과

---

[1] 인도 전통에서는 '마누' 즉 모든 만트라의 마음을 지닌 존재가 첫 번째 사람이다. 그의 아내는 백 가지 아름다운 형태를 지닌 샤타루파다. 이 둘은 죄악에 빠져서가 아니라 신성한 존재의 창조적인 놀이의 일부로 모든 후손을 창조한다.

수정, 에메랄드와 황금의 빛이 이 먼지입자들을 작은 빛의 결정체로 만들고 이것이 우리 눈으로 들어온다 해도 우리 눈은 이 일렁이고 깜빡이며 영원히 진동하는 역동적인 빛의 영역을 볼 만큼 예리할 수도 민감할 수도 없을 것입니다. 이 책을 읽고 있는 나의 친구 여러분이 그 역동적인 빛의 영역입니다. '당신'은 어떤 '당신'을 보면서 "나와 똑같다."고 말합니다. 그것이 우리가 사랑이라 부르는 것입니다. 빛은 빛을 알아보기 때문입니다. 하지만 당신이 먼지입자에만 끌린다면 그 사랑에는 생명이 없습니다.

영원히 진동하는 영역들에는 **의지**가 있습니다. 그래서 더 빠르게 또는 더 느리게 갈 수 있습니다. 그 영역들은 스스로 수많은 빛의 층을 만들 수 있습니다. 이 빛의 영역의 핵심 생명은 자신의 형태를 만드는 자유**의지**를 가지고 있어서 공룡이 되고 개미가 되고 크로마뇽인이나 멍청한 사람이 됩니다. 사람들이 열심히 뿌리째 나무를 뽑고, 분주하게 행성을 탐사하고, 부지런히 금광을 파헤치는 것은 자기 본성을 찾고 있기 때문입니다. 그러나 열심히 금광을 파헤치는 것은 엉뚱한 곳에서 엉뚱한 짓으로 본성을 찾고 있는 것입니다. 세상 모든 다이아몬드를 차지하겠다고 서둘러 억만장자가 되려는 것은 이 사실, 즉 크리스털 용기에 담긴 그들 **의지**의 빛이 지금까지 발견되고 아직 발견되지 않은 지구상의 모든 다이아몬드의 빛보다 훨씬 크다는 사실을 잊어버렸기 때문입니다. 그 **의지**는 다양한 생명 형태를 지닌 존재를 만듭니다.

요즘 많은 사람들이 관심을 갖는 동물학 분야로 심리학이라 부르는 학문은 우리 인간의 동물 본성을 다루고 있습니다. 심리학을 동물

학의 한 분야라고 부르면 안 되는 걸까요? 우리 인간의 동물 본성만을 다루고 있는 심리학은 빛의 영역을 인식하지 않습니다. 먼지입자로 된 눈이 그 빛을 본 적이 있을까요? 그러나 나는 이 빛의 영역이 스스로 형태를 만드는 의지를 지니고 있다는 것을 확신합니다. 그 빛의 영역은 여러 층의 빛으로 변화하기도 하고, 각 층에서 각기 다른 수준, 각기 다른 주파수의 진동을 스스로 만들어 내기도 합니다. 이 점을 반드시 이해해야 합니다. 빛의 영역은 원하는 대로 형태를 만들고, 영역 안에서 영역을 나누고, 그 영역 안에서 수많은 층으로 자신을 나누기도 합니다. 그 영역의 한 층에서는 은빛이 가장 빛나고 다른 층에서는 금빛이 반짝입니다. 루비 같은 빛은 또 다른 층에서 뿜어져 나오고 다이아몬드 같은 강렬한 빛은 같은 영역 안의 또 다른 층에서 음악을 연주하듯 빛을 발산합니다. 그러면서 각기 다른 주파수로 진동하게 됩니다. 이들 빛은 프라나가 되고 무의식이나 지성과 지혜(buddhi)의 능력, 또는 활동적으로 작용하는 마음이 됩니다. 그리고 감각과 지각을 받아들이는 통로도 되어 자성을 띠면서 이 모든 것이 모여 하나의 영역으로 유지됩니다.

바로 여기에서 먼지입자로 된 가면들이 말합니다. "나는 사람이다! 나는 남자야! 나는 여자야! 나는 키가 커! 나는 몸집이 커! 나는 키가 작아! 나는 마르고 왜소해!"

빛의 영역들은 자기가 좋아하는 연극을 할 수도 있습니다. 그 즐거운 연극을 어떻게 공연할지 어떤 연기를 할지 자기가 선택한 대로 형태를 만드는 자아의지를 갖고 있기 때문입니다. 그리고 연기를 배웁니다. 그들의 어린이 연극에서는 한 아이가 다른 아이에게 이렇게 말합니다. "나 좀 봐! 난 이렇게 빨리 재주넘기를 할 수 있어!" 이건 그냥 연기를 하는 것입니다. 그 재주넘기에 무슨 목적이 있을까요? 빛의 영역들은 자신들의 존재를 즐기는 것입니다. 즐기는 존재로 연극을 합니다. 연기를 할 때 그들은 거기에 맞는 형태와 모양이 됩니다.

그들은 연기하고 싶은 놀이가 있습니다. 그래서 연기하는 것입니다. 한 빛의 영역은 도둑을 연기하고 다른 빛의 영역은 눈 먼 사람을 연기합니다. 먼지입자는 개미에 물린 자국이라고 이름 짓기도 하고 사람이라고 이름 짓기도 합니다. 그리고 연극을 합니다. 왜 연극을 할까요? 연극놀이를 좋아하기 때문입니다. 왜 좋아할까요? 그들이 즐겁기 때문입니다. 그들은 왜 즐거울까요? 그들은 바라는 것도 잃을 것도 불행할 것도 없는 빛의 존재들이기 때문입니다. 이 빛의 존재 중 하나는 선생 역할을 하고 다른 하나는 학생 역할을 합니다. 여러분과 내가 그렇게 놀이를 하고 있는 것입니다. 빛의 존재가 그 영역의 층들을, 각기 다른 수준과 주파수와 유형의 빛으로 진동하게 하면 다양한 능력이 됩니다. 감각, 프라나, 마음, 다섯 가지 코샤, 물질의 세 가지 상태 등등이 됩니다. 수슘나, 이다, 핑갈라 그리고 7만 2천 개의 에너지 흐름이 있습니다. "7만 2천 개뿐인가요? 아니요. 저는 12만 5천 개로 하겠습니다. 그래요. 12만 5천 개!" 더 계속하고 싶은가요? 이것이 바로 이 우주가 존재가 되는 방식입니다.

빛의 영역에 있는 이 각각의 수준은 서로 다른 시간감각을 지닙니다. 몸은 한 종류의 시간대에서, 호흡은 또 다른 종류의 시간 영역에서 작용합니다. 프라나는 또 다른 종류의 시간대에서 작용합니다. 각기 다른 수준의 마음이 각기 다른 종류의 시간대에서 작용합니다. 이것이 바로 여러분이 마치 24시간 또는 24년이 경과한 것처럼 꿈을 꿀 수 있는 이유입니다. 눈을 뜨면 그것은 5분 이내의 시간입니다. 그것은 개별적인 빛의 영역 안에 다른 수준, 다른 정도, 다른 주파수의 진동이 있기 때문이며, 그것들은 말하자면 시간을 재는 척도가 각기 다른 아주 다양한 '신축성'을 갖고 있습니다. 이것은 우주라고 부르는 엄청나게 광대한 영역에도 똑같이 적용됩니다. 그래서 나는 어떤 것을 끝내고 싶으면 "오늘이 무슨 요일이지요? 목요일?" 하면서 목요일 저녁에 리시케시에 앉아서 목요일 아침에 미니애폴리스에서 어떤 일을 끝내기를 원하면 나의 메시지를 목요일 저녁에 리시케시에서 보냅니다. 그러면 그것은 목요일 아침에 미니애폴리스에 도착하고 그 일은 그날 중에 끝납니다. 내가 목요일 밤 자고 있는 동안에 목요일 오전인 미국에서 그 일을 하고 있는 것입니다. 여행을 하지 않은 사람들에게는 그저 환상적인 이야기입니다.

이제 무수한 우주가 이어지는 셀 수 없는 우주 안에 있는 셀 수 없이 많은 은하계 안에 있는 셀 수 없이 많은 별들이 에워싼 엄청나게 큰 행성의 거대한 달의 시간대를 상상해 봅시다. 신이 있는 그곳에는 얼마나 많은 시간대가 있을까요? 신은 그 시간들을 전부 알고 있습니다. 어느 자유로운 영혼이 그런 방대한 시간대의 연결망을 가로지르는 놀이를 배웁니다. 그는 마치 예정된 미래가 오늘인 것처럼 마누(Manu)의 여섯 번째 휴식인 오늘을 이야기합니다. 간혹 스승께서는 수년이 지나도록 자신을 발견하는 데 전념하지 못하고 있는 나의 잘못을 나무랐습니다. 나는 그 질책을 기억하고 잘못을 저지르지 않도록 조심합니다.

연극을 하면서 먼지입자를 모아들인 빛의 영역들 중 몇몇은 그 먼지입자를 너무 진지하게 여기기 시작합니다. 여러분은 어디에선가 그런 빛의 영역들을 알아보았을 것입니다. 어떤 것들은 장난스레 먼지입자를 입고 있어서 가끔 그런 것들을 알아보고 이렇게 말합니다.

"이봐, 이봐, 이봐! 그 먼지입자를 너무 진지하게 받아들이지 말라니까. 그건 진짜 자네가 아니야. 알겠나?"

"정말? 아! 그렇다면 이건 멋진 시로 말해야 하는데."

"아니, 지금 시를 말하고 있는 게 아니야."

"그럼 이건 아주 심오한 철학이군."

많은 사람들이 철학의 역사를 기술하고, 여기서는 피타고라스, 저기서는 소크라테스를, 또 다른 곳에서는 임마누엘 칸트에게 찬사를 보냅니다. 그 내용을 암기하고 필기시험을 보며, 박사논문을 쓰고 두꺼운 책에 담아 도서관 선반을 가득 채웁니다. 몇 백 년 혹은 몇 천 년이 지나 철학에 무지한 폭군이 나타나 도서관을 전부 불태워버리면 철학의 역사는 완전히 다시 시작됩니다. 그때 피타고라스가 무엇을 했는지, 소크라테스가 무슨 말을 했는지, 칸트는 무엇을 주장했는지, 그 내용 전체를 분석 조사해야 할 우리 불쌍한 21세기 학생들에게 그 철학자들이 한 작업의 목적은 과연 무엇이 될까요? 지금 여러분은 컴퓨터를 통해서 임마누엘 칸트의 언어를 분석한 내용을 얻을 수 있습니다. 그가 무슨 말을 하던가요? 모든 철학자가 이렇게 말하는 것 같습니다. "이봐요, 당신은 먼지입자가 아니라 빛의 영역입니다!" 오늘날 누군가는 철학 문장을 컴퓨터로 분석하여 저명한 철학교수가 됩니다. 하지만 나는 그 교수의 진짜 이름이 빛의 영역 박사라고 확신합니다!

빛의 영역, 빛의 존재, 위대한 초월자들이 바로 이 행성 여기저기에서 일부 영역을 차지하고 있습니다. 여러분은 그곳에 갈 수 있으며 그곳에서 어떤 기운을 느낄 수 있습니다. 그래서 사람들은 그곳을 '신성한 장소'라고 부릅니다. 우리 안에 있는, 우리가 장난스레 인간이라 부르는 그것이 금이나 은을 찾아 금광, 은광으로 몰려가고 다이아몬드를 수집하며 신성한 빛을 찬미하러 갑니다. 우리 안의 그것이 우리를 끌어당기며 "그곳으로 가자!"고 말하기 때문입니다.

그래서 고대의 성자들은 다음과 같이 기도했습니다.

asato mā sad gamaya tamaso mā jyotir gamaya mṛtyor mā amṛtam gamaya
실재하지 않는 비존재에서 참으로 영원히 존재하는 실재로 나를 인도하소서.
자아의 본성에 무지한 어둠에서 자아를 아는 빛으로 나를 인도하소서.
죽음의 환영에서 불사(不死)를 아는 깨달음으로 나를 인도하소서.

— 브리하다란야카 우파니샤드 1.3.28

성자들은 사마디에서 눈을 떴을 때 이렇게 선언하지 않을 수 없었습니다.

jyotiḥ! jyotiḥ! jyotiḥ!
빛! 빛! 빛!

'jyotiḥ'는 『리그베다』에서 307회 반복됩니다.

idam vai tan madhu
이것이 참으로 그 꿀이다.
이것이 참으로 그 벌꿀 술이다!(4회 반복)

— 브리하다란야카 우파니샤드 2.5.16-19

스와미의 서원을 하는 산야사 의식[2]에서 서원자는 아래 기원을 아홉 번 반복합니다.

내가 빛의 존재가 되게 하소서!

— 마하나라야나 우파니샤드 20.15-21, 24, 25

그것은 너무나도 밝은 빛, 정말 달콤한 벌꿀 술(mead)입니다.

빛의 존재, 바로 그 존재가 달콤한 벌꿀 술입니다. 그들 빛의 존재가 먼지입자 형태로 빛이 주입된 작은 조각상 즉 우리 인간들에게 우리 본성을 떠오르게 하려고 우리 주위를 돌 때, 빛의 존재들은 떠나오면서 아주 깊은 슬픔과 함께 아주 깊은 연민을 가지고 옵니다.

나의 스승께서 내게 그 빛을 보여 주신 이후, 나는 그분께 "구루데바, 이 세속에서 지내기 위해 그리고 스승님의 빛의 세계에서 멀리

---

[2] 이 산야사 의식의 완역본(일부 요약)은 ahymsinpublishers@gmail.com에 문의하여 구할 수 있다.

떨어져 계시기 위해 어떻게 하십니까?"라고 물은 적이 있습니다. 그분은 아주 깊은 슬픔을 담은 목소리로 "나는 그것을 떠올리지 않는다."라고 말씀하셨습니다. 나는 초월자들의 밀사였던 그분의 한숨이 그들에게 들렸다고 확신합니다. 마침내 초월자들은 한숨짓는 우리를 남겨 두고 그를 다시 불렀습니다.

여기서 나는 40여 년 전에 쓴 글을 여러분과 함께 나누겠습니다.

대지는 빛이다. 하늘은 빛이다. 당신 살갗의 아름다움, 어린아이 뺨의 부드러움, 당신 눈에 담긴 사랑은 빛이다. 그 빛은 잎사귀가 되고 나뭇가지가 되며 한 그루의 나무가 된다. 빛은 빛의 산에서 흘러내리는 강이다. 당신이 경험하지 않은 것은 전부 빛이 아니다. 나머지 모든 것은 빛의 바다에서 일어나는 파도다. 그 빛은 무한한 기쁨이요, 신의 축복이다.

진실의 호수와 실제가 아닌 신기루도 모두 빛이다. 당신이 듣는 노래는 당신의 귀에 닿은 빛이다. 달콤한 맛은 당신의 혀에 다다른 빛이다. 사랑이 심장의 빛이듯이 명상은 당신 영혼의 빛이다.

빛은 여러 가지 옷을 입지만,
그것들 중 당신의 기도와 만트라가 가장 빛나는 것이다.

우주의 물결인 소리, 신의 영혼인 말씀은 빛의 외투를 몸에 두른 당신 내면의 빛이다.

당신의 눈은 오직 빛을 보도록 만들어졌는데 왜 당신은 어둠을 숭배하려는가?

어두운 분노와 깊은 절망은 제쳐 놓아라. 잠시 빛의 물결인 친구와 고요하게 멈추어라. 고요해져라. 당신을 휘젓는 바람이 어떻게 고요하게 가라앉으며 확고한 빛이 당신 마음을 어떻게 다시 빛나게 하는지 보아라.

참지식의 제단에서 사랑의 빛이 타오른다.

이날 당신은 빛의 존재로서 걸을 수 있다. 당신이 내딛는 곳마다 당신의 발자국을 남긴다. 빛만이 당신의 기쁨이 되게 하라. 빛을 비추어라![3]

여러분이 이렇게 꿀이 꽉 찬 빛의 달콤함을 맛보시기 바랍니다. 여러분은 걸을 때마다 어떤 어둠도 어떤 의심도 없이, 바라는 것도 소유하는 것도 없는 빛나는 존재처럼 걸으세요.
여러분의 명상이 나날이 발전하기를 기원합니다.

---

3 「만 개의 태양」, 스와미 웨다 바라띠, 윤규상 옮김, 아힘신, 2007, pp.27-28 참조.(*Light of Ten Thousand Sun*, first addition, YES Publishers, St. Paul, MN.1999; Full Circle, New Delhi, 2001)

12

번개의 사다리

예수는 "좁은 문으로 들어가거라. 멸망에 이르는 문은 크고 또 그 길이 넓어서 그리로 가는 사람이 많지만 생명에 이르는 문은 좁고 또 그 길이 험해서 그리로 찾아드는 사람이 적다."(마태오복음 7,13-14)라고 말씀하셨습니다. 그것이 바로 번개의 '면도날'[1]이고, 티베트 불교신자의 도르제(dorje)의 길이며, 그리스도인을 위한 야곱의 사다리(Jacob's Ladder)입니다. 또한 성 요한 클리마쿠스(St. John Climacus)의 사다리이며, 십자가의 성 요한(St. John of the Cross)이 노래하는 『가르멜의 산길』[2]입니다. 이 길을 가려면 '밀고' '당기

---

1 역주: "razor's edge" of the Path of the Thunderbolt. 날카로운 칼날 위를 걷는 것처럼 매우 힘들고 어려운 것.

2 역주: 십자가의 성 요한 저, 최민순 역, 『가르멜의 산길』, 바오로딸, 1999.
아빌라의 데레사와 함께 스페인 신비신학의 거장인 십자가의 성 요한은 1542년 가난한 귀족 가정에서 태어났다. 1563년 가르멜 수도회에 입회하여 살라망카에서 신학을 공부한 뒤 1567년 사제가 되었다. 그는 하느님께 깊이 몰입하면서 더 엄격한 수도회에 입회하려 했으나 아빌라의 데레사에게 설득되어 데레사의 개혁을 가르멜 남자 수도회에 소개하

는' 두 가지가 필요합니다. 염원과 사랑과 봉사로 자신을 밀어붙이고, 구루의 끌어당김을 받는 일이 필요합니다. 번개의 면도날은 포탈라(Potala) 궁전의 계단을 무릎으로 기어 올라가는 티베트 순례자들에게서, 단테(Dante)가 신성의 아름다움인 베아트리체(Beatrice)를 향한 사랑을 이야기하는 『신곡』에서도 나타납니다.

다음은 "안내 명상(guided meditation)에 이어 진행한 강의" 내용을 다듬어 옮긴 것입니다.

명상을 하면서 우리는 조금 전에, 항상 그렇게 하듯이 호흡의 경로를 따라 오르내리며 숨을 쉬는 연습을 했습니다. 티베트 전통에서 이 경로는 산스크리트어로 '와즈라(vajra)의 길', 티베트어 표현으로는 '도르제(dorje)의 길' 즉 번개의 면도날이며 천상으로 오르는 방법(upāya)의 길입니다. 이 길을 완성한 사람을 '번개를 지배한 자', 즉 '와즈라 마스터(vajra master)'라고 부릅니다.

우리는 북유럽 신화에서 티베트 신비주의에 이르기까지 세상의 많은 문화에서 번개가 차지한 위상을 알고 있습니다. 번개는 빛의 신이 지닌 무기라고 말합니다. 산스크리트어에서 빛의 신은 adieu에서

고 두루엘로의 첫 개혁 수도회에 입회하였다. 그 뒤 가르멜회 대학에서 교수로 있었으나 1577년 개혁을 원하지 않던 수도원장에 의해 9개월 동안이나 투옥생활을 하게 되었다. 후에 요한이 칼바비오로 떠남으로써 가르멜 수도회는 맨발의 가르멜 수도회와 이전의 가르멜회로 완전히 분리되었다. 요한의 신비적 영성은 많은 수도자들에게 관상의 길로 들어서는 등불이 되고 있다.

의 dieu, dios 혹은 theos와 밀접하게 연관된 'deva' 즉 '빛나는 존재'입니다. 이들 낱말은 인도유럽어에 속합니다. 번개는 신이 주신 선물입니다. 우리도 빛나는 사람이 되어 번개를 소유하거나 영향력을 행사하는 사람, 빛나는 존재, 즉 deva가 될 수 있습니다. 베다 전통에서 전능한 영혼, 신들의 왕인 인드라의 탁월한 무기가 와즈라입니다. 인드라는 이 와즈라로 우주 어둠의 악마를 물리칩니다.

모든 영적 염원의 목적은 신처럼 되는 것입니다. 그리스도교의 신비주의자들은 "하느님이 사람이 되셨다. 그래서 사람은 그분 안에서 신이 될 수 있다."라고 말합니다. 그리스 신비주의자들은 이를 '신격화'[3]라고 합니다. 와즈라에 통달한 이는 '와즈라다라'(Vajradhāra)로 알려진 번개의 흐름, 예리한 번개의 칼날 위를 걸어갑니다. 예수가 말한 '좁고 험한' 길을 걸어야 합니다. 우파니샤드에서는 다음과 같이 우리에게 촉구합니다.

uttiṣṭhata jāgrata prāpya varān ni-bodhata kṣurasya dhārā
ni-śitā dur-atyayā durgam pathas that kavayo vadanti

일어나라! 깨어나라! 축복을 주신 스승들을 찾아 깨우쳐라!
그 길은 면도날처럼 날카롭고 예리해서 지나가기가 어렵다. 지혜로운 시

---

3   예수께서는 이렇게 말씀하셨다. "너희의 율법서를 보면 하느님께서 '내가 너희를 신이라 불렀다.' 하신 기록이 있지 않느냐? 이렇게 성서에서는 하느님의 말씀을 받은 사람들을 모두 신이라 불렀다."(요한복음 10,34-35) "나의 선고를 들어라. 너희가 비록 신들이요 모두 지극히 높으신 이의 아들들이나 …."(시편 82,6) 참조.

인들은 건너가기 매우 힘든 길이라고 말한다.

– 카타 우파니샤드 1.3.14

이에 대해 샹카라차리야께서 말한 것을 의역을 하겠습니다.

그대는 지금까지 자아의 본성을 모르는 무지의 잠을 자고 있다. 그 잠에서 깨어나라. 일어나 자아의 지식으로 돌아서라. 영적 자아인 아트만을 깨우쳐라.
그러기 위해서는 지극히 신비한 지혜(buddhi)를 얻는 길을 끝까지 건너야 한다. 그 미묘함으로 인해 그 길은 건너기 쉽지 않다.

번개의 면도날은 지혜의 깨달음, 프라나입니다. 프라나는 스승들이 우리를 안내하는 방편인 와즈라와 연결되는데, 이 방편에서 중요한 단계는 프라나를 통달하는 것입니다. 우파니샤드에서는 이렇게 말합니다.

움직이는 이 온 우주는 프라나에서 나오고 프라나에서 진동하고 흔들리고 움직인다.
이 프라나는 번개의 면도날, 와즈라인 무기를 일으키는 매우 경이로운 것이다.
그것을 아는 사람은 영원히 죽지 않을 것이다.
이것이 불사의 신, 빛나는 신이 되는 길이다.

우리는 지구상에서 수평으로 된 길을 걷기 때문에 영적인 걸음도 수평으로 걷는다고 습관적으로 생각합니다. 우리는 육신이라 부르는 몸에 편성된 시공간의 유한성에 우리 자신을 사슬과 족쇄로 묶어 종속시켰습니다. 우리의 육신은 단단한 땅을 수평으로 걷기 때문에 모든 걸음이 수평적이라고 생각합니다. 하지만 벽을 타고 올라가는 도마뱀붙이(gecko)에게 물어보세요. 때로는 위로 솟아오르는 새들에게 물어보세요. 그들의 길은 공간과 시간의 수평적 개념에 묶여 있지 않습니다. 그 영원의 번갯불을 걷는 이들의 수평선은 무한하며, 빛나는 존재들이 휘두르는 벼락인 그 번갯불은 수평선의 제한이 없이 빛나는 존재들처럼 걷는 것을 배우며, 그리하여 그들은 수평적으로 걷지 않습니다. 그들의 걸음은 내부에서 내면을 향한 오르내림으로, 앞뒤로 걷는 것이 아니라 올라가고 내려가는 것입니다. 그러므로 여러분이 영적 영역에서 걷는 것에 집중할 때에는 수평적인 것을 생각하지 말고 올라가고 내려가는 걸음 혹은 그것보다는, 내면과 외면을 향한 걸음, 그보다 더 좋은 것은 고요한 걸음을 걷는 것입니다.

그런 길에서 사람들은 신비주의자가 탐험할 수 있는 모든 영역을 섭렵합니다. 우리의 의식이 한계에 묶여 있기 때문에 우리는 이 예리한 칼, 면도날 같은 이 칼의 날을 따라 곧바로 올라갈 수 없습니다. 면도날에 대한 『우파니샤드』의 구절을 토대로 소설을 쓴 서머셋 모옴(Somerset Maugham)은 그 면도날이 수평으로 놓인 것이 아니라는 것과 영적 상승과 하강의 길이라는 것을 깨닫지 못했을 수도 있습니다. 우리는 이 예리한 와즈라다라, 즉 신들이 휘두르는 칼과 번개인 와즈라다라의 날을 따라 올라가는 것을 배우지 못했습니다. 신들은 우리 안에 살고 있습니다. 때로 그들은 자신들의 존재를 드러냅니다. 때로 눈부시게 빛나는 그들 존재를 드러냅니다. 낯선 장소에서, 붐비는 곳에서, 황야에서, 또는 이슬람 수피즘(Naqshbandi)에서 말하는 '군중 속의 고독'(khalwat dar anjuman)처럼 그들은 군중 속에서도 외로움을 느끼는 사람에게 존재를 드러냅니다.

사람들은 "혼자 있는 것에 익숙한데, 명상센터가 너무 붐벼서 센터에 명상하러 가고 싶지 않아요."라고 불평을 합니다. 여러분은 군중 속에서 혼자였던 적이 있나요? 그런 적이 있다면 왜 군중 속에서 고독을 경험할 수 없었을까요? 여러분이 앉아 있는 공간에는 다른 사람은 앉지 않습니다. 고독을 경험하기 위해 여러분은 얼마나 넓은 공간을 원하는지요? 군중 속이든 황야든 여러분이 고독할 때면 어디서나 빛나는 이가 자신을 드러냅니다. 요한 클리마쿠스 성자는 이렇게 말합니다.

> 헤시카스트(hesychast)[4]의 독방은 그를 둘러싼 몸이고 그의 내면은 지식이 머무는 곳이다.
>
> – 거룩한 등정의 사다리 27단계

창세기 28장에서 야곱은 그의 신부를 찾아가는 길에 매우 피곤하여 돌을 베고 누워 잠이 들었습니다. 그는 꿈에 천사들이 오르내리는 사다리를 보았습니다. 영적 깨달음의 사다리에는 여러분이 정한 만

---

4 헤시카스트: 기도와 명상으로 고요함을 추구하며 수련하는 수도자.

큼의 여러 단계들이 있습니다. 어떤 사람은 8단계, 어떤 이는 7단계, 어떤 이는 6단계라고 말합니다. 성 요한 클리마쿠스는 영적 사다리의 30단계에 관한 논문[5]을 썼는데, 첫 번째 단계는 포기(renunciation)로 시작하고 30번째 단계는 사랑으로 끝납니다. 그 27번째 단계가 고요함(hesychea)입니다.

십자가의 성 요한은 『가르멜의 산길』에서 정상에 오르는 길의 단계적 지도를 그렸습니다. 그는 요가 전통에서처럼 지상은 물론 천상의 보물까지 차지하려는 마음을 포기하고 "오직 이 산에 머물고 계시는 하느님의 영광을 찬미하기 위해" 그 산에 도달할 때까지 각 단계마다 "이것이 아니다. 이것이 아니다."라고 말하며 나아갑니다. 그러나 그곳에 도달하기 위해서는 영혼의 어두운 밤에서부터 시작해야 한다고 다음과 같이 말합니다.

어느 어두운 밤에,
초조함과 불타오르는 사랑에서,
오! 복된 행운이여!
들키지 않고 나왔네.
이미 고요해진 내 집에 있으면서.[6]

---

5 *Ladder of the Divine Ascent*, John Climacus, Paulist Press, New York, 1982.

6 가르멜의 산길(개정판), 방효익 역, 기쁜소식, 2012.(*John of the Cross: Selected Writings*, ed. Kieran Kavanaugh, Paulist Press, New York, 1987.)

성 요한은 이 영혼의 어두운 밤을 세 단계로 설명합니다. 하나는 감각과 결부된 것을 버리기, 둘은 지성이 믿음에 복종하기, 마지막으로 세 번째는 산의 최정상인 신에게 도달하기입니다.

여러분이 날아오를 수 있다면, 여러분이 승강기에 있다면 직행할 수도 있고 한두 단계를 한 번에 뛰어넘을 수도 있습니다.

여러분이 상승하기 위해서는 오르기와 당김 두 가지가 필요합니다. 오르기는 여러분에게서 비롯되고 당김은 스승, 안내자, 천사, 예언가 등의 영적 존재들에게서 비롯됩니다. 이들 영적 존재는 "오세요. 여기로 오세요. 여기 위쪽은 아름답고 빛나며 멋집니다. 말로도 영감으로도 설명할 수 없고 오로지 경험으로만 알 수 있답니다. 여기로 오세요. 당신에게 보여 줄게요."라고 말하며 우리를 부릅니다.

스와미 라마의 『Love Whispers』(사랑의 속삭임)[7]에서처럼 가끔 그 속삭임이 들립니다.

스와미 라마는 이 책을 그녀(Her)에게 헌정했습니다. 그는 페이지마다 그녀의 평온함과 영감의 근원, 그 빛에 대해 어떤 곳에서는 짧게 어떤 곳에서는 길게 이야기합니다. 그는 '나의 환영인 여인', '사랑의 봉헌', '황금 발자국'을 노래하고, 목마름을 해소하는 그의 '결심'과 '이별의 잔인함'에 대해서, '생명의 그릇'을 어떻게 '영원한 교감'으로 채우게 되는지 이야기합니다. 그는 "당신은 신비롭고 영묘하다."고 말합니다. 그는 그의 '고귀한 사랑'과 그의 '사랑의 흐름' 그리고 '밤에 지는 꽃'에 대해 말합니다.

---

[7] *Love Whispers*, Swami Rama, Himalayan Institute, Honsdale, Pa., 1986.

누군가 그에게 "당신은 무슨 일을 하나요?"라고 물으면 그는 이렇게 대답합니다.

당신은 무슨 일을 하시나요?

나는 밤에 지는 꽃을 줍습니다.
나는 침묵의 속삭임을 듣습니다.
나는 내면의 광대한 허공을 묵상합니다.
나는 내 생명의 각 호흡마다 그녀의 이름을 중얼거립니다.
나는 그녀의 빛나는 얼굴의 아름다움을 경배합니다.

태양이 잠에서 깨어나면 나는 물러납니다.
나는 깊은 허공으로 들어가 영원의 불꽃으로 씻습니다.
기쁨의 기운을 통해서
내 영혼의 차분한 새들은 높이 더 높이 날아오릅니다.
나는 사랑에 빠져서 욕망 너머로 녹아 들어갑니다.
그것이 내가 하는 일입니다.

스와미 라마가 노래한 그녀는 성경의 지혜서에 나온 소피아(Sophia, 지혜)나 『케나 우파니샤드』의 우마 하이마와티(Umā Haimavatī) 또는 단테의 베아트리체일까요?

이처럼 '위에서 오는 속삭임과 아래에서 오는 속삭임'이 오르기와 끌어당김입니다. 끌어당김에는 여러 가지 다른 길이 있고 여러분이 지닌 감정만큼 많습니다. 어떤 이는 단 하나만 있어서 단조로움을 보입니다. 어떤 이는 일곱 개, 어떤 이는 세 개, 또 어떤 이는 27개, 누군가는 108개를 가지고 있습니다. 여러분이 걸친 목걸이는 몇 줄인가요? 그 줄의 수만큼 여러분이 끌어당겨집니다. 어떤 이는 어머니이기 때문에 끌어당겨지고 어떤 이는 아이이기 때문에 끌어당겨집니다. 누군가는 어린 아기이기 때문에 끌어당겨지고, 어른들이기 때문에 끌어당겨집니다. 누군가는 아주 가난하기 때문에, 누군가는 부자여서 그들의 부유함을 나누라는 가르침 때문에 끌어당겨집니다.

위대한 라마나 마하리쉬(Ramaṇa Maharṣi)는 여러 다른 방법으로 많은 사람을 이끌었습니다. 그는 항상 새벽 2시에 일어나서 아쉬람에 있는 사람들을 위해 채소를 다듬었습니다. 다음날 누가 아쉬람을 방문하는지는 그만이 알았기 때문에 그는 그만큼만 준비했을 것입니다. 어느 날 오후 그는 요리사를 불러 2인분의 음식을 준비하라고 하면서 배고픈 사람 둘이 올 거라고 말했습니다. 그는 그들의 배고픔으로 그들을 끌어당겼습니다.

사마디 상태에 든 어느 젊은 성자가 있었습니다. 아무것도 구하지 않고 몇 시간을 그렇게 앉아 있는 그의 몸에 벌레들이 기어 올라갔고 그는 나날이 야위어갔습니다. 그런 그를 한 여인이 보았고 그 여인은 그에게 음식을 가져다주기 시작했습니다. 그는 어느 날에는 동굴에 있었고 또 어느 날에는 계곡에 있었습니다. 그의 생애 50년 동안 그 여인은 매일 음식을 만들어 그를 찾아다녔습니다. 그를 찾아내면 그녀는 음식을 주었습니다. 오늘은 어느 계곡에 있을까? 어느 동굴에 있을까? 하며 그가 있을 만한 장소와 자주 다니는 움막을 전부 찾아다니곤 했습니다. 어떤 때는 온종일 찾아다니다가 그가 이미 음식을 먹은 것을 확인하기도 했습니다. 50년 동안 이 여인은 한 성자를 위해 그렇게 했습니다. 그녀가 그에게 무슨 말이라도 했어야 하지 않겠냐고 생각하겠지만 그는 그녀가 지닌 모성 깊은 애정으로 그녀를 끌어당겼습니다. 그 성자는 목숨을 이어갔습니다.

그렇게 어떤 사람은 봉사하는 마음이 있기에 끌어당겨집니다. 또 어떤 사람은 사랑이 있기 때문에, 또는 말을 하기 때문에 이어지는 말에 의해서 그들이 끌어당겨집니다. 여러분이 끌어당겨진다고 느끼는 곳을 찾으세요. 바로 그곳에서 여러분은 올라간다고 느낄 것입니다. 사실 이것이 진정한 공중부양의 의미입니다. 여러분이 올라감과 끌어당겨짐을 느낄 수 있는 곳은 여러분의 내면뿐입니다. 그곳에서 여러분의 길을 찾을 것이며, 발을 디딜 사다리의 가로대를 찾을 것입니다.

그러므로 사다리에서는 여러 가지 일이 일어납니다. 여러분은 인도에서 높은 사원을 향해 좁은 산길을 계속 무릎으로 기어 올라가는 순례자들을 보았을 것입니다. 로마에서도 그런 계단을 볼 수 있습니다. 황제 마르쿠스 아우렐리우스(Marcus Aurelius)가 지은 거대한 태양 사원은 나중에 대성당으로 바뀌었습니다. 그곳에 얼마나 많은 계단이 있을까요? 오늘날에도 무릎으로 기어 올라가는 순례자들을 보게 됩니다. 티베트 전역에서 오는 순례자들은 엎드려서 포탈라 궁전의 계단을 올라갑니다. 나는 한국에서도 그런 순례자들을 본 적이 있습니다. 일본에서도 그렇게 하는 사람들이 있다고 들었습니다. 인도에서는 흔히 보는 광경입니다.

영적 계단을 오르는 길은 아주 즐거운 일입니다. 육체적으로 언제나 편안하지는 않지만 그래도 아주 즐거운 길입니다. 그 즐거움은 그 길을 걷는 자들만이 아는 것이기 때문입니다. 그리고 거기에는 - 빛이 있습니다! 언젠가 어디에선가 여러분이 보았던 그 빛이 거기에 있습니다. 그 빛은 어둠 속에서 당신에게 약속된 빛입니다. 계곡에서 길을 잃어 어디로 가야 할지 모르는 여행자는 멀리 떨어진 곳에서 깜박이는 촛불을 보고 그곳을 향해 걷기 시작합니다. 그와 같이 그 빛은 약속되었고 그것이 보입니다. 일단 그 빛을 보면 당신에게 다른 선택은 없습니다. 당신은 그 빛에 이끌려갑니다. 이 길이나 저 길로 마음대로 갈 수 없고, 개울이든 바위든, 산이나 계곡을 넘든 가시밭 길이든 자갈길이든 당신은 가야 합니다. 당신은 이끌려갑니다. 별처럼 반짝이는 그 빛에는 자석이 감추어져 있어서 당신은 그냥 가야 합니다. 가고 또 가고, 당신의 몸이 꼼짝할 수 없어도 길 위에 쓰러져도 계속 가야 합니다. 그 빛, 월트 휘트먼(Whitman)의 시집 『풀잎』에 있고 콜럼버스의 기도문에 있는 "그 빛!"(That Light)입니다.

신이시여.
당신께서 베풀어 주시는 끊임없고 형언할 수 없는 빛
그 빛줄기로 나의 생명이 빛났습니다.

진귀하고 막을 수 없는 빛,
빛으로 빛나는 그 빛은
모든 표상과 표현과 언어를 뛰어넘습니다.

그러므로

오, 신이시여.

그것이 늙고 야위고 마비되어 무릎 꿇은

저의 마지막 말이 되게 하소서.

나는 당신께 감사드립니다.

그리스도의 변모에 대해 말한 성 그레고리 팔라마스(St. Gregory Palamas)는 스스로 존재하는 하느님의 빛, 타보르(Tabor) 산의 빛을 찬미합니다.

『신곡』에서 단테는 쿤달리니의 빛과 수슘나에 흐르는 쿤달리니의 찬란한 아름다움을 다룬 것으로 보입니다. 그는 「천국편」에서 이렇게 노래합니다.

나는 강물처럼 흐르는 빛을 보았습니다.

불그스름한 황금빛[8]으로

밝게 빛나는 강이

경이로운 봄의 색깔로 뒤덮인

두 강둑 사이를 흘렀습니다.

---

8 Allen Mandelbaum은 'tawny(황갈색)'를 불그스름한 황금빛으로 번역합니다.(1984년) 영적인 빛이라는 맥락에서 그 표현이 더 적절합니다. 여기에서는 그의 번역을 자연스러운 문맥으로 바꾸었습니다. 사실 불그스름한 금빛(aruṇā)은 우주의 성모를 칭하는 주요 산스크리트 찬가에서 성모를 시각화하는 색입니다.

그 충만한 흐름에서

금을 두른 루비처럼

온통 꽃으로 둘러싸인

타오르는 불꽃이 나타났습니다.

- Canto XXXIII. 61-66

이것은 쿤달리니와 어디서든 볼 수 있는 꽃(봄이 한창일 때에 핀 연꽃 즉 차크라)에 대한 가장 시적인 묘사 중 하나입니다. 수슘나가 그 사이를 흐르는 두 강둑은 왼쪽과 오른쪽을 흐르는 살아 있는 에너지인 이다와 핑갈라입니다.

그는 다시 생생한 빛(vivo lume)에 관하여 말합니다.

높은 곳에서 이어지는

말할 수 없이 밝은 그 빛에서

세 겹의 둥근 빛이 나타났는데

그 색은 서로 달랐지만 하나로 이어진 연속체였습니다.

- Canto XXXIII. 114-16

그리고 더 이어집니다.

오, 스스로 홀로 있는 영원한 빛이여.

그대만이 그대를 압니다.

스스로 알고, 스스로 알려진 그대는

자신을 사랑하고 자신에게 미소 짓습니다.

– Canto XXXⅢ.124-26

Lalla Dęd로 알려진 카슈미르의 위대한 신비주의 가수가 노래한 세 겹의 둥근 빛처럼, 여러분이 듣는 인도 신비주의자들의 노래에는 흰색과 붉은색과 푸른색이 있습니다. 우리가 인용한 단테의 마지막 줄은 우파니샤드에서 '스스로 빛나고(ātma jyotiḥ) 스스로 기뻐하는(ātma-ratiḥ) 영적 자아(ātman)'와 맥을 같이합니다.

이것이 빛의 길이자 번개의 길이며 결코 하강하지 않는 길입니다. 하강하는 것은 끌어당겨졌다가 상승하는 에너지입니다. 그것은 아래로 내려가서 끌어당기는 에너지입니다. 어머니는 넘어진 아이를 들어올리기 위해 허리를 굽히지만 그렇다고 계속 아래로 내려가는 것은 아닙니다. 그녀의 하강은 여러분의 상승입니다. 이것은 수액이 나무 속에서 올라가는 것처럼, 낮은 차크라가 에너지를 위쪽으로 밀어올리고 더 높은 차크라가 에너지를 위로 끌어올리는 방법입니다.[9] 이렇게 상승과 하강이 있고 그 다음에는 하나가 됩니다.

하강하라. 올라가라. 고요해져라.

여러분이 번개가 되고 사다리를 타고 올라가기를 바랍니다.

---

9 스와미 웨다 바라티의 『하타요가의 철학』과 '쿤달리니'와 '차크라'에 관한 강의녹음자료 참조.

13

천 개의 쿤달리니 이름

축복과 은총: 스승과 나눈 두 가지 대화

1   **구루데바** "아들아, 내가 너에게 초능력을 주겠다."

   제자 "저는 초능력을 열망하지 않습니다. 제게 허락된다면 사마디를 주세요."

   구루는 기뻐하시는 것 같았지만 아무 말씀도 하지 않으셨습니다.

2   몇 년이 지난 후,

   구루데바(힌디어로) "아들아, 그래도 나에게 무언가 청하여라."

   제자   리시트와(ṛṣitva).

   ('깨달은 사람의 상태'를 의미하는 이 한 단어를 말한 것만 떠오릅니다.)

   구루데바   이루어졌다(granted).

(구루데바는 그냥 이 한 단어만 영어로 말했습니다.) 나는 두 손을 모아 감사의 절을 올렸습니다.

명상은 사람들에게 내면의 충만함을 깨닫게 합니다. 이 충만함은 사람들이 '창조성'이라고도 하는 형태로 받은, 의지와 상관없이 받은 은총이지만, 언제나 '새롭게' 다가오는 현실의 깊이를 파악하는 통찰력이 있는 (darśana) 성자들과 항상 접속되는 것입니다.

그런 존재의 상태에서 일어나는 생각들은 개념이나 환상이 아니라 의지와 상관없이 부여되는 통찰력입니다. 이 통찰력은 내면의 초월적인 곳에서 '예지'로 시작해서 풍성하고 표면화된 말로 끝나는 마음의 경로를 가로지르면서 언어의 옷을 입습니다.

이렇게 드러나는 것이 만트라가 됩니다.

이 글에 담긴 말은 나의 것이 아닙니다. 나는 은총으로 받은 것을 어쩔 수 없이 옮겨 적는 필사자일 뿐입니다. 이것은 마음속에 명상적인 바탕이 가장 강할 때에 시간과 상황에 관계없이 나타났고 글로 쓰였습니다.

그것을 받아들일 때는 운율의 조화에 대한 개념도 없었습니다. 그것은 '구루'와 연결되어 있는 것인데, 다수의 절(節)은 '운율의 부조화'를 보였습니다. 나는 감히 그것들을 고치거나 다시 쓰지 않았습니다.

산스크리트어 번역은 모험입니다. 일상 언어의 표현은 초월 철학을 담는 언어 표현과 어울리지 않습니다. 수많은 낱말이 지닌 비슷한 의미를 전달하려면 수많은 각주를 달아야 합니다. 나도 그런 시도를 했습니다.

나는 그 분수처럼 뿜어 나오는 3천여 개의 이름을 받았습니다. 다른 유사한 산스크리트 원전의 문헌적 전통을 따르기 위해 이 제목을 '천 개의 이름'이라 지었습니다. 그 가운데 109개만 여기에 번역합니다.[1] 자파말라(108개의 염주에 한 개의 메루 즉 구루의 구슬이 있으며 만트라 송에 사용되는 염주)의 의미를 아는 사람은 왜 여기에 109개를 번역하는지 알 것입니다.[2] 나머지는 영어로 그 의미를 표현하기 어렵습니다.

여기에 영어로 번역해 표현한 것들도 근접한 의미입니다. 다음의 표현을 살펴봅시다.

aniṣṭha-maṇi-bindv-antar-mahodyān-stha-mañjari-nadī-patha-prbhā-dehi-sundarī-koti-rādhitā

Who is worshipped by a billion frolicking beautiful celestial nymphs who bear the bodies made of light of the pathways of energy-channels coursing through the great groves that flourish inside the jewel of the minutest point(bindu).

지극히 작은 점(bindu)으로 된 보석 안의 울창한 숲을 흐르는 에너지 통로의 빛의 경로로 만들어진 몸을 지닌, 쾌활하고 아름다운 10억의 천상 요

---

1 산스크리트 원문은 저자의 산스크리트 저작 「Devo-duthi」 참조.

2 더 많은 설명은 저자의 「Mantra and Meditation」 참조. ahymsinpublishers@gmail.com에서 구할 수 있음.

정이 숭배하는 분.

이 37개의 영어낱말이 13개의 복합어[3]로 된 원문을 근접하게 표현하고 있습니다. 그러나 원문의 각 낱말과 어울리는, 의미가 압축된 연관어도 그리고 운율도 전달할 수가 없습니다. 마찬가지로 '헤아릴 수 없는 우주(宇宙)인 아기들에게 젖을 물리는 분'(Who nurses on her brest the infants that are the immeasurable universes)은 여섯 개의 간결한 낱말 'ananta-akhaṇḍa-viśva-aṇḍa-śiśu-dhātrī'를 번역한 것입니다.

그러나 쿤달리니가 어느 정도라도 일깨워진 사람이라면 쿤달리니가 자신의 이름이 지닌 의미를 영감으로 알려줄 것입니다.

여러분도 그렇게 되기를 바랍니다.

'있다'와 '없다'라는 두 영역 사이를 경계의 강이 흐릅니다. 강 물결에는 빛을 담은 잔물결이 있기도 하고 없기도 합니다. 그 잔물결의 가장 작은 중심점이 또 다른 세계로 들어가는 문입니다. 그 세계는

- 공간 너머이며
- 독존(kaivalya)의 장소이자
- 브라흐만의 빈 공간, 즉 초월 공(空, śūnya)의 거주자입니다.

그 세계 안의 기한 없는 시간은 변화 없는(non-altering)[4] 의식에 머무

---

[3] 역주: 복합어는 낱말 구성 형태의 한 가지로, '덧신' 같은 파생어와 '짚신' 같은 합성어가 여기 속한다.

[4] '변화 없는(non-altering)'은 마음작용의 일어남이 없는 수승한 사마디인 니르비칼파(nirvikalpa)에 대한 거친 번역이다.

는 사람이 만드는 영겁(aeoned)이나 시대(epoched)[5]입니다.

- 그들은 형태도 이름도 없으며
- 시간과 공간의 평정(平靜) 그 끝에 도달한 사람들입니다.

아나아마아(a-nāmā)[6]라는 이름의 성자가 그 잔물결의 중심점으로 들어갔습니다. 그리고 섬광의 하늘을 지닌 그는 세상이 아닌 세상의 홀로 되는 초월 영역에 도달했습니다.

그곳에서 그는 자신의 찬란한 섬광을 투사했습니다.

그 섬광으로 그는 천장과 벽과 바닥의 형체를 만들고 그 빛으로 오두막을 지었습니다.

그 안에서 그는 모든 것을 벗어던진 붓디[7]를 지니고 사마디에 머물며, 스스로 빛나는 자아[8] 만족의 상태로 지냅니다.

그곳에서 그의 참자아는 고통도 즐거움도 없는 의식 세계를 즐깁니다.

그의 과거의 선한 제자들은

- 여전히 세속에 살며,
- '나'라는 자아의식으로 '있다'와 '존재한다'는 생각에 묶여 있어서
- 스승을 보지 못하고

---

5   'aeoned', 'epoched' 이 두 신조어는 명사 'aeon'과 'epoch'에서 만든 동사다. 산스크리트를 번역한 이 두 신조어는 우주 창조와 소멸의 영겁(kalpa)도 없고, 힌두 우주론에서 일반적으로 수십억 년에 해당하는 시대(yuga)도 없음을 의미한다.

6   anāmā: 이름이 없다는 뜻.

7   지성의 요소인 붓디(buddhi)는 프라크리티의 가장 미세한 첫 번째 산물이다. 붓디는 아트만이 영원한 자아의 자각에 머물도록 수승한 사마디에 남는다.

8   이 글 전체에서 자아는 에고를 지닌 이기적인 자아가 아니라 참자아다.

- 마음의 동요를 겪게 됩니다.

그 후 그들 중 몇몇은 구루의 힘으로 이루어진 피정을 포기하고 지성의 결핍으로 공간과 시간에 매여 여기저기 방황했습니다.

하지만 그들 중에, 혼자서 목표를 이루지는 못했으나 이름과 형상으로부터 승화하기를 바라며 그의 지성을 참자아에 둔 한 제자가 있었습니다.

언젠가 구루는 그 제자를 중심점으로 입문[9]시키기 전에 웃으며 '사나아마아'(sa-nāmā)[10]라는 별명을 그에게 지어 주었습니다.

이 제자는 그의 구루를 그리워하고 끊임없이 구루의 마음을 기억하고 회상하여 그의 마음 영역을 구루의 마음과 일치시키며 인식이 있는 사마디(samprajñāta samādhi)[11]로 들어갔습니다.

그곳에서

- 그는 인식을 구루 차크라(guru cakra)[12]에 확고하게 두고
- 그 안에 있는 구루를 기억하며 침묵의 호숫가,
- 내면의 카일라사(Kailāsa)[13]에 따라 명상하면서 선택된 제자만이

---

9   특별한 요가입문, 이에 따라 입문자는 의식의 아주 작은 중심점으로 들어갈 것이며, 이후 이를 통해서 초월적인 영역으로 밀려들어갈 것이다.

10 'sa-nāmā'는 '이름이 없는' 이라는 뜻을 지닌 'anāmā' 와 대조되는 것으로, 여전히 이름을 지니고 있는 자를 말한다.

11 인식이 있는 사마디(samprajñāta samādhi)는 차선의 사마디로, 내면에 아직 집중하기 위한 대상을 가지고 있는 반면, 인식이 없는 사마디(a-samprajñāta samādhi)에는 더 이상 집중의 대상이 없다.

12 구루 차크라는 특별한 의식의 중심이며, 그 안으로 들어간다는 것은 우주적인 구루와 자기 자신의 구루가 접속이 이루어지는 것이다.

13 티베트의 신성한 산. 쉬바의 거처, 네 종교의 추종자들이 가장 신성한 곳으로 받드는 곳.

할 수 있는 만트라인 'śrīṁ gurave namaḥ'를 찬송합니다.

그가 그렇게 끊임없이 구루를 기억하고 구루의 힘에 대해 명상하자 구루는 의식의 귀로 이 묵상하는 수도자(muni)의 간청을 들었습니다.

구루는 이 수제자가 자질이 있으며 능력을 부여받았음을 알고 짧은 순간에, 그를 속박하는 이름과 형태, 대상과 시공의 그물을 끊어 내기 위해 그의 광채의 힘과 '아브히드야나'(abhi-dhyāna)의[14] 은총으로 그 제자를 자신에게 끌어당겼습니다. 그리고 제자의 마음 영역을 섬광으로 만든 자신의 오두막으로 옮겼습니다.

그는 제자에게 광휘의 파동 형태를 띤 침묵의 소리로 말했습니다.

네 마음이 즐거움으로 충만해지고 신 앞에서 수련을 지속했으며, 언제나 구루에게 복종하는 마음으로 진보의 순간이 힘이 있고, 그렇게 나를 끊임없이 부르면서 마음을 다하여 거듭 내게 엎드렸노라.

그래서 나는 내 끌어당기는 힘으로 너를 이곳에 데려왔다. 아쉬람이 아닌 이곳, 허공에 자리하고 의식으로 이루어진 빛나는 에너지 흐름 안으로 너를 데려왔다.

나는 진실로 네가 알고자 열망하는 것을 모두 말해 주고 네 의심을 없애

이 글에서는 자기 안의 신성한 산을 말함.

14 아브히드야나는 신이 헌신하는 자에 대해 명상하거나 구루가 제자에게 은총을 주기 위해 하는 명상이다.

줄 것이다.

묻고 또 물어라, 맑은 마음을 가진 자여.

제자 사나아마아는 자신이 그곳으로 옮겨진 것을 보고 놀란 마음으로 말했습니다.

스승님의 은혜는 헤아릴 길이 없습니다.

저는 또다시 조아리며 묻습니다.

어떻게 하면 인식이 있는 사마디(samprajñāta)에서 법운(dharma-megha)^{15}사마디로 들어갈 수 있습니까?

제가 어떻게 하면 스승님과 같은 분들만 성취할 수 있는 인식이 없는 사마디(a-sam-pra-jñāta)의 '독존' 상태를 얻을 수 있겠습니까?

순수한 빛의 형태인 스승은 이를 듣고 제자의 의식으로 들어가 그의 붓디에 무언의 메시지를 불어넣었습니다.

네 안에 코일처럼 감긴 에너지 쿤달리니는 광대한 우주의 본성(virāṭ)^{16}을 지닌다.

그녀 안으로 들어가거라. 그리고 그 안에 머물러라.

---

15 samprajñāta의 상위단계, 법의 비구름(법운)의 사마디이며 모든 사물에 대한 지식(全知)의 사마디. 상세한 설명은 저자의 파탄잘리 『요가수트라』에 대한 주석을 참고할 것.

16 virāṭ: 『바가바드 기타』(9장-11장)에서 설명한 신의 몸으로 현현한 우주.

그녀는,

- 연꽃의 수염뿌리처럼 가늘고 섬세한 섬광의 본질이고,
- 한 줄기 광선이 드리운 것처럼 반짝이는 무수한 색깔의 흐름이다.

너는 만트라와 함께 한 점에 집중된 지성으로 날숨과 들숨을 따라 쿤달리니 안에서 오르내리게 될 것이다.

그러면 이 천 가지 이름을 가진 요가의 사다리가 의식의 오두막 안에 있는 천상으로 흔들리지 않고 빠르게 너를 인도할 것이다.

사나아마아는 이렇게 대답했습니다.

진정 경외하는 마음으로 이 요가의 길을 나설 것입니다.
그런데, 존경하는 스승이시여. 스승님께서 말씀하신 쿤달리니의 천 가지 이름은 무엇입니까?

사나아마아가 묻자, 오직 순수 의식만으로 이루어진 스승 아나아마아가 답하셨습니다.

그 이름의 의미와 실재와 정수는 깊은 묵상을 통해서 얻을 수 있다. 그 다음 명상으로 그리고 샥티파타(śakti-pāta)[17]를 통해서만 얻을 수 있다.

---

17 śakti-pāta는 제자에게 우주의 실재와 자기의 개인적 자아 그리고 궁극적 실재에 대한 초월적 관점을 전해 주는 대단히 높은 격의 입문으로, 구루의 의식에너지가 제자의 의식 속으로 스며든다. 스승의 에너지를 받아들이고 흡수하는 제자의 역량에 따라 수많은 등급의 샥티파타가 있다.

요가 수행자가 자신의 틀에서 수승한 빛을 점차 알아봄으로써 초월적 자아(virāṭ-self)[18]의 비밀을 계시받는다.

그렇게 되면 모든 과학과 예술은 샥티 요가 수행자(śakti-yogin)[19]에게 적합한 과학과 예술이 된다.

그 다음 그는 비밀의 방에 감추어진 세 가지 샥티[20]를 모두 성취하여 쿤달리니의 숨겨진 이름 전부의 의미를 알게 된다.

이제 나는 너에게 한 줄기 광선을 비추면서 100만분의 1의 수십억분의 1 순간에 천 가지가 넘는 쿤달리니의 이름을 암송할 것이다.

한순간에 이 지식이 네 명상의 붓디로 들어갈 것이다.

그러면 너는 그 아트마 샥티 즉 천상의 쿤달리니에서 인식 없는 사마디(a-sam-pra-jñāta samādhi)[21]에 의해 안정이 되어 자신의 자아가 되고 자아에 거하는 자가 될 것이다. 그것이 절대 독존(kaivalya), 니르바나(nirvāṇa)이며, 최상의 자유인 해탈(mokṣa)이다.

그러면 쿤달리니가 바로 너의 자아가 될 것이며 너는 의식이 자아인 섬광이 될 것이다.

너는 네 안의 비밀뿐 아니라 우주(virāṭ egg)[22] 안의 비밀도 알게 될 것이다.

18　각주 49에서 설명한 것처럼 비라트(virāṭ)는 신의 몸으로 현현한 우주를 일컫는다. 여기서 virāṭ-self는 바로 그 우주의 광대한 존재가 자기 자신의 자아로 보인다는 것이다.

19　샥티요가를 수련하는 사람. 그에게는 모든 에너지 형태의 연결, 모든 샥티가 하나가 된다.

20　전능자의 잠재력인 모든 샥티는 의지의 힘(icchā-śakti), 지식의 힘(jñāna-śakti) 그리고 창조, 창조성과 행위의 힘(kriyā-śakti) 이 세 가지 범주로 구분된다.

21　모든 개념을 초월한 인식이 없는 사마디.

22　virāṭ egg: 우주 알, 우주에 대한 단어, 'brahmāṇḍa', 'Brahman egg' 가운데 하나다. 우주를 하나의 닫힌 알로 상상하기 때문이다.

이 경지에 이르면 너는 브라흐만으로 용해될 것이다.

그때 구루는 100만분의 1의 수십억분의 1 순간에 순수한 샥티 의식의 섬광을 제자의 의식에 비추었습니다.

제자의 의식에서는 편안하고 자연스럽게 힘들이지 않고 감추어진 모든 비밀과 함께 직관적 통찰이 일어났습니다.

그는 차크라의 근원에서부터 온 우주의 브라흐만의 앎까지 완전히 완벽하게 보았습니다.

이후 파쉬얀티(paśyanti)에서 마드야마(madhyamā)[23] 언어 단계로 내려온 그는 자신이 아는 것을 구루의 마음에서 태어난[24] 제자들에게 가르쳤습니다.

제자들은 이 지식을 다시 그들 제자들에게 전수하였습니다.

그 지식이 계보를 따라 그렇게 전승되었으며 우리 의식에 섬광처럼 받아들여졌습니다. 자비로 충만해진 우리는 그것을 해탈을 원하는 자들에게 전해 줍니다.

---

23 인도의 언어철학에는 언어의 네 단계가 있다. 가장 높은 단계는 초월적인 'parā'로, 생각과 말 너머의 순수한 영적 경험이다. 보는 자가 말없이 보는 것으로, 마음의 깊고 높은 영역으로 전달되는 영적인 섬광이 파쉬얀티(paśyanti)다. 마드야마(madhyamā)는 그것이 정신적인 말이 되는 단계다. 마지막으로 와이카리(vaikhari)는 인간이 음절 소리로 나타내는 말의 다양성이다. 이것은 보는 자가 듣는 인간들을 위하여 내적 지식을 받아서 그것을 말로 옮기는 드러냄의 과정이다. 여기에서 샤나야마야는 직접 마음에서 마음으로 지식을 전달하므로 마지막 단계에 머물지 않는다.

24 Mānasa-putra 또는 mānasa-śiṣya는 구루의 마음의 정수에서 태어난 제자들의 마음을 설명하는 것으로서 가장 가까운 제자들을 의미한다.

여기에 우리가 받은 3천여 개의 이름 중에 109개가 있습니다.[25]

śrīṁ a'iṁ hrīṁ klīṁ krīṁ śrīṁ [26]

1   낱말 '그것'(That)의 의미인 이, '그대'(thou)의 의미인 이, '있다'(art)의 의미인 이.[27]
2   극지(極地)의 수많은 별들의 거대한 천체의 중심축.
3   수슘나 스와라(suṣumṇā-svara)[28]를 겉옷으로 입은 이.
4   마음의 호수의 연화좌에 앉아 있는 빛나는 존재.
5   신성한 이름들의 불꽃인 이.
6   셀 수 없이 많은 달의 여인.
7   누이이고 딸이고 아내이며 아름다운 신부인 존재.
8   머리 모양 속에 감추어진 백만 조(兆)의 우주 그 빛나는 보석들이 받치고 있는 머리장식을 한 이.
9   만트라 암송의 파동을 침묵으로 용해하는 힘인 이.

---

25 이 제자의 마음에 약 3천 개의 이름이 떠올랐으며, 그것들이 나타날 때 종이에 기록되었다. 여기에 그것 모두를 번역할 수 없다. 산스크리트 문장에는 비정형적인 운율이 많이 발생한다. 우리는 그 이름들이 드러난 그대로 전달하고자 했으므로 수정하려고 시도하지 않았다.
26 보편적인 인도 전통은 신을 떠올리는 것으로 어떤 내용을 시작한다. 여기서는 내용을 시작하기 전에 몇 가지 주요한 씨앗(bija) 만트라를 암송한다.
27 베단타에서 핵심 대문장의 하나인 "그것이 너다."(tat tvam asi)는 그 의미가 의식에서 열릴 때까지 깊은 묵상에 이용된다.
28 양쪽 콧속에서 균등한 힘으로 호흡이 고르게 흐를 때 그리고 그 의식이 쿤달리니의 중심 흐름으로 들어갈 때.

10 더없이 맑은 수정 왕관을 쓴 이.

11 동요하는 자극 에너지의 견제를 부여하는 이.

12 만달라의 내면을 거니는 이.

13 매듭을 풀어헤치는 데 몰두하는 이.

14 그들의 광선은 콧속을 지나가는 해와 달.

15 공간의 환희를 즐기는 이.

16 공간을 춤추게 만드는 이.

17 헤아릴 수 없는 우주(brahmāṇḍa)인 아기들에게 젖을 물리는 이.

18 아기처럼 놀기 좋아하고 아기들에게 속한 이.

19 유년기를 통하여 알게 되는 이.

20 다섯 요소를 재로 만드는 이.

21 모든 재의 토대인 이.

22 '존재하다'(to be)와 '행하다'(to do)라는 동사의 의미가 같은 이.

23 존재하기 위한 갈망인 이.

24 '나는 몸이다'라는 개념으로 불리는 빛 없는 그림자를 드리우는 이.

25 '나는 몸이다'라는 개념의 그림자를 떨쳐버리는 이.

26 '나는 몸이 아니다'라는 지혜를 일깨우는 이.

27 그의 몸이 향나무 진액과 백단향의 향기와 다섯 요소의 장뇌로 이루어진 성유(聖油)인 이.

28 작은 원자 사이를 우주에서처럼 유랑하는 이.

29 모든 여성으로 불리는 신을 기쁘게 하는 금욕적 만트라 수련자.

30 이원성을 음식으로 먹는 이.

31 비밀스런 죄악을 없애는 이.

32 지극히 작은 점(bindu)으로 된 보석 안의 울창한 숲을 흐르는 에너지 통로의 빛의 경로로 만들어진 몸을 지닌, 쾌활하고 아름다운 10억의 천상 요정이 숭배하는 이.

33 위대한 불꽃을 모두 흡수하는 이.

34 감각으로 경험되는 기쁨의 형태로 기적적으로 진동하는 이.

35 천 개의 눈,·천 개의 광선, 천 개의 발을 가지고 셀 수 없는 거대한 우주를 먹기 위한 수천 개의 이를 가진 이.

36 소화하는 힘인 이.

37 셀 수 없이 많은 태양의 자궁 안에서 춤추는 무수한 불꽃의 형태로, 소모하는 춤을 추는 이.

38 우리 고통의 단단한 바위를 자르기 위한 지식을 타고난 날카로운 면도날인 이.

39 모든 나라 간의 경계를 무너뜨리는 이.

40 어제와 오늘을 하나의 시간 흐름으로 풀어내는 이.

41 바로 이 시간 우주 전체에서 행하는 수십억, 수조(兆)의 입맞춤과 포옹에 담긴 사랑인 이.

42 천 개의 줄이 달린 현악기 비나(viṇā)인 이.

43 남자의 몸에 여성성이 담긴 이.

44 여자의 몸에 남성성이 담긴 이.

45 여성과 남성이 혼합된 이.

46 자음을 지지하는 모음의 생명력을 지배하는 여인.

47 춤추는 이름들의 불꽃인 이.

48 계절의 순환을 시행하는 이.

49 계절의 수레바퀴를 타는 이.

50 계절의 꽃을 예복으로 입은 이.

51 그 계절에 모든 존재를 깨우는 이.

52 아침과 저녁이라 불리는 저수지에 사는 이.

53 모든 만트라를 지배하는 이.

54 대지의 자궁 안에서 타는 불인 이.

55 땅속에서 분출되어 흐르는 불타는 용암인 이.[29]

56 보석 내부의 광휘인 이.

57 은과 금의 반짝임인 이.

58 헤아릴 수 없이 수많은 태양의 자궁 속에 집을 만드는 이.

59 수정하는(pollinating) 여인인 이.[30]

60 개화하는 이.[31]

61 자파(japa)로 진동을 일깨우는 이.

62 말을 진동으로 바꾸는 이.

63 모든 것을 자극하는 이.

64 모든 동요를 평정하는 이.

65 호흡이라는 화폐를 벌어들이는 이.

---

29 땅에서 분출되어 불타는 용암에 대한 탄트라의 의미는 물라다라 차크라에서 차고 넘치는 에너지가 될 것이다. 여기서는 다만 이 구절들의 숨겨진 의미에 대한 예로 제시된 것이다.

30 생리 중인 여성(menstruating)에 대한 가장 일반적인 산스크리트 단어는 '라자스왈라'(rajasvala)다. 즉 '수정하는 자'(polinating one)라는 의미다.

31 생리 중인 여성을 의미하는 또 다른 산스크리트 단어는 '꽃이 핀 여인', '만개하는 여인'이다.

66 몸이 호흡인 이.

67 호흡으로 숭배하는 이.

68 호흡을 사랑하는 이.

69 호흡을 연인처럼 삼는 이.

70 온 우주를 삼키는 입인 이.

71 달을 전차로 타는 천국의 어머니인 이.

72 은하계의 둥근 고둥 속을 비밀스레 유랑하는 이.

73 10억 개 우주의 둥근 고둥 속을 남몰래 여행하는 이.

74 공간을 숄로 걸친 이.

75 사자 왕좌가 한 점(bindu)인 이.

76 백 개 대양의 깊이를 측정하는 이.

77 우리 것인 이.

78 너의 것인 이.

79 이 모든 것인 이.

80 마음 영역의 창조자인 이.

81 마음 영역을 양육하고 유지하는 이.

82 마음 영역의 용해자.

83 달이 그의 미소를 받아들이는 이.

84 공간을 먹고 소화시키는 이.

85 모든 감각의 느낌을 철회하는 데 열중하는 이.

86 심장 중심, 아나하타(anāhata)의 동굴 극장에서 쉬지 않고 춤을 추면서 언제나 발찌 방울을 울리는 이.

87 알라, 야훼, 마리아인 이.

88 예수의 몸으로 육화한 이.

89 말라(mālā)³²에 꽃처럼 아름다운 마음을 품은 이.

90 가장 가까운 곳 안에 거하는 이, 가장 먼 곳 밖에 거하는 이.

91 공간이라는 긴 머리카락을 지닌 이.

92 모든 신성한 순례지의 신성을 다스리는 이.

93 하나, 둘, 셋과 더 많은 수의 의미를 합하여 그것들이 따로따로 알려지지 않도록 하는 이.

94 언제 맛보아도 항상 맛있는 것.

95 무지의 어둠이라는 단단한 바위를 자르는 예리한 면도날인 이.

96 신들의 달콤한 벌꿀 술.

97 자신의 음악을 연주하는 악기이며 그 음악인 이.

98 셀 수 없이 많은 은하와 우주가 기둥으로 지탱하는 내면의 점(bindu) 안쪽 광활한 복도를 자유로이 돌아다니는 이.

99 측량할 수 없이 광활한 만달라가 우주의 불꽃을 끌어당기는 점(bindu) 안쪽 극장 무대에서 독무(獨舞)를 추는 이.

100 울림, 조화, 공존(conviviance)³³의 위대한 여신들.

101 자신의 음률이 빛의 선율로 지속되게 하는 이.

102 'ee'와 'i'라는 글자인 이.³⁴

103 오류이며 진리인 이.

---

32 요가 수행자들의 염주.

33 스페인어 'convivencia', 이탈리아어 'convivnza'를 영어식으로 만든 'conviviance'의 의미는 '공존' 또는 '생명력을 서로 나눔'이다.

34 이 글자들은 만트라 과학에서 비밀이다.

104 번개로 데워지는 충만의 국자.

105 요가 수행자들이 거주하는 동굴의 만달라 중심에 앉아 있는 이.

106 연꽃잎을 먹는 이.

107 속박의 고리를 끊는 이.

108 미소가 우주의 발현이며 소멸인 이.

109 모든 이름에서 그의 이름이 들리는 이.

그렇게 한 번 눈을 감는(in-wink)[35] 백만분의 일의 순간에 구루의 의식에서 나온 이들 이름의 힘에 의해 경험으로 얻는 지식을 받고서 그는 다시 눈을 뜨게(out-wink) 되었습니다.

그가 자신의 제자들에게 그 지식을 전수할 준비가 되자 공간과 시간, 이름과 형상의 본질에 이렇게 눈을 뜨게 되었습니다.

그러나 그는 비밀의 동굴에 머물렀습니다.[36]

그는 공간과 시간, 형체를 지닌 것과 감각의 미로에서 길을 잃은 이들의 혼란을 몰아내면서 정화를 통해 그들을 인도하면서 자신의 육체적 삶을 사는 동안 구루의 지상 아쉬람에 행복하게 머물렀습니다.

---

35 In-wink(nimeṣa)와 out-wink(unmeṣa)는 독일어 Augenblick(찰나)와 같은 여러 인도유럽어에서 가장 짧은 시간을 나타낼 수 있는 단위다. 카쉬미르 샤이비즘과 같은 의식의 철학에서 이것은 훨씬 더 깊은 의미를 지닌다. 우주의 창조는 신이 눈을 뜨는 깜박임이고, 우주의 소멸은 신이 눈을 감는 깜박임이다. 우주의 창조와 소멸의 전체 주기가 신의 눈깜박임 한 번으로 일어난다. 또한 지식을 얻기 위해 가장 깊은 의식으로 들어갈 때가 사마디 수행자의 눈뜸이며 그로부터 나올 때가 그 수행자의 눈감음이다.

36 제자에게 지식을 전하기 위해 말하고 있을 때조차 신성한 의식으로 조율된 내면의 동굴에 머물러야 한다. 그것이 잘 보존된 명상 가르침의 비밀이다.

그는 경험적 지식이 잠들어 있는 미혹된 보통사람들을 일깨웠습니다. 그들의 깨달음을 위하여 혼란의 안개로부터 그들을 계속 일깨웠습니다.

이제 구루가 된 그는 제자들에게 최상의 해방의 길인 최고의 기쁨의 길을 보여 주었습니다.

그는 자질과 능력을 지닌 제자들을 이 수슘나의 가운데 통로로 들어가게 만듭니다. 그는 한 번의 눈길로, 만트라의 소리로, 또는 손[37]의 진동으로 그들의 암컷 뱀 쿤달리니를 일깨웁니다.

또는 구루를 명상하면서, 제자들에게 그의 의식을 투사하면서 요가와 하나가 되어 그들을 입문시켜서 구루 의식과 그들을 결합시킵니다.

그가 한 점 빛, 한 조각 소리[38]로 이루어진 모든 내면의 동굴로 제자들을 들어가게 했으므로 의식의 자리 바로 그곳에 그들이 자리 잡게 합니다.

자비로운 그는 많은 사람을 깨달음으로 해방시키는 일을 하면서도 시종일관 자신의 자아에 있는 의식뿐인 구루와 조화를 유지합니다.

그는 끊어짐 없이 실을 자아 사마디 천을 짭니다. 그는 의식의 작은 동굴에 앉아 그와 같이 많은 은총을 내려줍니다.

쿤달리니로 인해 새로운 삶을 부여받아 두 세계에 동시에 거주하

---

37   세 가지 요가 입문 방법. 더 높은 네 번째 방법은 이어지는 문장에서 설명된다.

38   「테조빈두 우파니샤드」(Tejo-bindu upaniṣad)와 「나다빈두 우파니샤드」(Nāda-bindu upaniṣad) 곳곳에서 분열된 감추어진 의식의 빈두를 언급한다.

게 된 그는 인간의 나이로 천 년을 살고 나서 의식 독존(kaivalya) 상태로 들어갔습니다.

그렇게 의식의 흐름 한가운데를 쉬지 않고 건너가는 이는 누구라도 수슘나의 길에서 쿤달리니의 단 하나의 이름이라도 명상하게 될 것입니다. 또는 쉬림(śriṁ)을 초두에 놓고 이름을 여격으로 변환하여 나마하(namaḥ)[39]로 끝을 맺어 하나의 만트라가 되는 쿤달리니의 이름 중 하나라도 기억하게 될 것입니다. 그리고 지혜로워지면 프라나와 차크라의 연꽃 연못을 헤엄치며 고른 호흡으로 오르내리기 위한 만트라로 연결될 것입니다. 그렇게 메루 통로(meru channel)[40]를 오가야 합니다.

초능력[41]을 완전히 포기하고 사마디의 맹세를 굳건히 한 이는 질병 없이 건강하게 그가 바라는 만큼 오래 살 것입니다.

그가 진동의 중심점을 가르고 들어가, 미소 지으며 그 문으로 몸을 던지면 그는 니르바나(nirvāṇa)에 들어갈 것입니다. 물질로 된 몸의 무게를 버리면서 그는 자유롭게 날아가서 자신의 빛으로 만든 오두막을 거처로 삼게 될 것입니다.

그는 자유로워진 빛과 더불어 시공의 한계에 얽매이지 않는 홀가

---

39 예를 들어, 우리가 쿤달리니라는 이름을 택한다면 그 만트라는 'śriṁ kuṇḍalinyai namaḥ'의 형태가 될 것이다.

40 'meru'는 인도의 영적 전통에서 핵심이 되는 단어 중 하나다. 지구가 아니라 우주의, 척추의 중심이 되는 산. 여기서는 척추를 통해 흐르는 에너지의 통로다.

41 초능력(siddhi)은 초자연적인 힘으로 알려진다. 세속적인 힘을 포기하듯이 영적 해탈을 추구하는 참다운 구도자들에게는 이 초능력을 포기하도록 요구한다.

분한 허공에서 궁극의 완전한 깨달음을 얻는 축복 속에 날아갈 것이며, 독존 상태 너머로도 갈 수 있을 것입니다.

마하만달레쉬와라 스와미 웨다 바라티

문학박사, Dehra Dun HIHT 대학 총장 역임.

스와미 웨다 바라티는 세계적인 선지자이며 9세 때부터 인도철학과 어학 그리고 문학과 경전을 가르치고 암송한 것으로 알려졌습니다. 영국 런던대학을 졸업한 그는 네덜란드 Utrecht 대학에서 문학박사 학위를 받았습니다. 그가 미국에서 체류하는 동안에는 미네소타 대학에서 산스크리트어 교수로 재직하였습니다. 이때 그는 그의 스승인 히말라야의 스리 스와미 라마를 만났습니다. 스와미 라마는 그의 잠재력을 알아보고 가장 높은 명상요가의 길로 그를 입문시켰습니다.

지난 73년 동안 스와미지는 명상과 요가에 관한 강의를 하였고 전 세계 곳곳에 명상센터를 설립했습니다. 그는 여러 권의 책과 논문을 썼습니다. 그가 인도하는 인도 리시케시에 있는 두 곳의 아쉬람은 수행자들에게 히말라야 성자들의 전통이 이어지고 진정한 명상의 깊이를 배우는 곳으로 잘 알려져 있습니다.

국제 히말라야 요가명상협회 연합

국제 히말라야 요가명상협회 연합(Association of Himalayan Yoga Meditation Societies International: AHYMSIN)은 각국에서 활동하고 있는 스와미 라마의 제자들과 연합하여 2007년 인도 리시케시에 있는 '스와미 라마 사다카 그람'(Swami Rama Sadhaka Grama: SRSG)에서 스와미 라마의 제자 중 한 분인 스와미 웨다 바라티(Swami Veda Bharati)의 주도로 설립되었습니다.

스와미 라마는 '사다나 만디르 아쉬람'(Sadhana Mandir Ashram)의 창시자로서 1969년 미국에서 히말라야 협회를 설립하였고, 그 후 인도 서북부 데라둔에 히말라야 병원재단과 대학을 설립했습니다.

스와미 웨다 바라티는 세계 각지에 명상그룹과 명상센터를 세웠으며, 각자의 종교 전통에 맞춰서 수행할 수 있는 명상법, 역사 및 철학 등을 가르쳤습니다. 그는 히말라야 전통의 영적 지도자로서 인도 리시케시에 있는 SRSG에서 침묵으로 제자들을 인도하였고 2015년 7월 마하사마디에 들었습니다.

스와미 라마 아쉬람 중 하나인 SRSG에는 요가 수행자를 기르는 학교 '구루쿨람'과 교사훈련프로그램을 운영하는 '아힘신 본부'가 있습니다. 전 세계에 퍼져 있는 히말라야 전통의 제자들은 매달 보름달 명상을 하며, SRSG에서는 오전과 오후에 하는 규칙적인 명상과 2분 명상을 생활화하고 있습니다.

스와미 웨다 바라티는 1989년 KIST 이종원 박사의 초청으로 처음 한국과 인연을 맺었습니다. 이후 1989년 1월부터 원주 밝음신협 요가교실에서 한숙자(Hansa) 선생이 히말라야 전통의 요가와 명상기법을 지도하였습니다.

아힘신 한국지부에서는 요가에 관한 지속적인 학습과 요가명상을 통한 영적인 지도를 포함한 요가의 모든 측면을 다룹니다. 히말라야 전통의 가르침은 하타요가와 통합수행, 호흡과 프라나야마 그리고 이완과 명상이라는 수행의 세 가지 측면을 지지합니다. 아울러 해부학과 생리학 그리고 전인적 건강과 바이오피드백이라는 두 가지 보조 영역을 이용하여 보완하며 자기 분석과 연구, 요가심리학과 요가철학을 다룹니다.

아힘신 한국지부에서는 세계 각지에서 같은 기준으로 시행되는 히말라야 전통의 요가명상을 가르치는 교육을 진행합니다. 히말라야 전통에서 추구하는 목적은 명상을 통한 자기변화입니다. 이를 위하여 전 세계를 순회하는 히말라야 전통의 교사들은 2년마다 한국을 방문하여 한국지부에서 행하는 교육피정을 지원하고 있습니다.